全国“八五”普法教材

U0959218

法律明白人

农村土地实用问答

FALU MINGBAIREN
NONGCUN TUDI SHIYONG WENDA

以案普法版

高杰 贾楠 著

中国法制出版社
CHINA LEGAL PUBLISHING HOUSE

目录

CONTENTS

第一章　宅基地与房屋

第二章　耕地保护

第三章　土地承包经营

第四章　集体经营性建设用地

第五章 农村土地征收补偿

第一章

宅基地与房屋

1. 农村的宅基地归谁所有?

典型案例

吉祥村村民赵四[①]一直在如意市打工生活，购买了房屋后就在那里定居了。赵四在吉祥村还有一块127平方米的宅基地，定居在如意市后，宅基地就一直空置。于是赵四决定将宅基地卖给同村的老郭，双方签订了《宅基地买卖合同》，老郭根据合同约定向赵四支付了10万元转让款。请问，赵四有权利出卖宅基地吗？宅基地所有权归谁所有？

以案普法

农村宅基地是指农村村民基于本集体经济组织成员身份而享有的可以用于修建住宅的集体建设用地，农民无须交纳任何费用即可取得，具有福利性质和社会保障功能。

根据《宪法》第10条第2款规定，农村和城市郊区的土地，除由法律规定属于国家所有的以外，属于集体所有；宅基地和自留地、自留山，也属于集体所有。《土地管理法》第9条规定，城市市区的土地属于国家所有。农

① 注：本书中所提及的地名、人名等均为虚构。

村和城市郊区的土地，除由法律规定属于国家所有的以外，属于农民集体所有；宅基地和自留地、自留山，属于农民集体所有。因此，农村的宅基地所有权归村集体所有，赵四没有权利出卖宅基地。

在我国，农村集体经济组织成员对宅基地只有使用权而没有所有权和处分权，任何人都不能非法买卖或者转让宅基地。农村集体经济组织成员违反规定买卖宅基地的行为无效。对于无效合同，因该合同取得的财产，应当予以返还；不能返还或者没有必要返还的，应该折价补偿。因此，赵四与老郭签订的《宅基地买卖合同》无效，赵四收取的 10 万元转让款应当返还老郭。

法律依据

《中华人民共和国宪法》

第十条 城市的土地属于国家所有。

农村和城市郊区的土地，除由法律规定属于国家所有的以外，属于集体所有；宅基地和自留地、自留山，也属于集体所有。

国家为了公共利益的需要，可以依照法律规定对土地实行征收或者征用并给予补偿。

任何组织或者个人不得侵占、买卖或者以其他形式非法转让土地。土地的使用权可以依照法律的规定转让。

一切使用土地的组织和个人必须合理地利用土地。

《中华人民共和国土地管理法》

第九条　城市市区的土地属于国家所有。

农村和城市郊区的土地，除由法律规定属于国家所有的以外，属于农民集体所有；宅基地和自留地、自留山，属于农民集体所有。

2. 村民对宅基地享有什么权利？

典型案例

尚武村的村民孙武常年在外地打工，积攒了一笔收入。最近几年，政策号召返乡务农，发展乡村经济，搞好乡村建设，建造美丽乡村。孙武就想回到农村老家，进行水产养殖。由于没有合适的地方，孙武就想在自己的宅基地上挖建鱼塘。刚开始动工，尚武村村委会就听到了消息，立即进行阻止，要求孙武恢复原状。孙武认为自己合法占有宅基地，想干什么都可以。请问，孙武可以在自己的宅基地上挖鱼塘吗？农村的村民对宅基地享有什么权利？

以案普法

农村宅基地是农村村民用于建造住宅及其附属设施的集体建设用地，包括住房、附属用房和庭院等用地。按照2017年发布的《土地利用现状分类》，农村宅基地属于住宅用地。根据《土地管理法》第 66 条第 1 款第 2 项规定，不按照批准的用途使用土地的，农村集体经济组织报经原批准用地的人民政府批准，可以收回土地使用权。因此，孙武的宅基地属于住宅用地，不能改变用途建设鱼塘，否则，尚武村集体经济组织报经原批准用地的人民政府批准后，可以收回其宅基地。

那么，孙武对宅基地享有什么权利呢？根据《民法典》第 362 条的规定，宅基地使用权人依法对集体所有的土地享有占有和使用的权利，有权依法利用该土地建造住宅及其附属设施。因此，孙武依照规定只能占有和使用自己的宅基地，不能改变宅基地的用途。

法律依据

《中华人民共和国民法典》

第三百六十二条 宅基地使用权人依法对集体所有的土地享有占有和使用的权利，有权依法利用该土地建造住宅及其附属设施。

第三百六十三条 宅基地使用权的取得、行使和转让，适用土地管理的法律和国家有关规定。

《中华人民共和国土地管理法》

第六十六条 有下列情形之一的，农村集体经济组织报经原批准用地的人民政府批准，可以收回土地使用权：

（一）为乡（镇）村公共设施和公益事业建设，需要使用土地的；

（二）不按照批准的用途使用土地的；

（三）因撤销、迁移等原因而停止使用土地的。

依照前款第（一）项规定收回农民集体所有的土地的，对土地使用权人应当给予适当补偿。

收回集体经营性建设用地使用权，依照双方签订的书面合同办理，法律、行政法规另有规定的除外。

3. 村民如何申请宅基地？

典型案例

幸福村的村民老钱有两个儿子，现在都已长大成人。大儿子于 2019 年结婚，虽然已经分户，但仍与父母、弟弟生活在一起。小儿子今年准备结婚，但家中房屋已经无法满足小儿子结婚后全家人的居住需求，而老钱家只有现有的宅基地。老钱就想向村里再申请一块宅基地，建造新房，给小儿子结婚使用。请问老钱该如何申请呢？

以案普法

我国人多地少，农村宅基地是农村村民居住用地的最基本保障，应当遵循节约集约、因地制宜的原则合理规划，保障农村村民的居住需求。根据《土地管理法实施条例》第 34 条第 1 款规定，农村村民申请宅基地的，应当以户为单位向农村集体经济组织提出申请；没有设立农村集体经济组织的，应当向所在的村民小组或者村民委员会提出申请。宅基地申请依法经农村村民集体讨论通过并在本集体范围内公示后，报乡（镇）人民政府审核批准。因此，老钱按照上述规定的程序，申请宅基地即可。

法律依据

《中华人民共和国土地管理法实施条例》

第三十四条 农村村民申请宅基地的，应当以户为单位向农村集体经济组织提出申请；没有设立农村集体经济组织的，应当向所在的村民小组或者村民委员会提出申请。宅基地申请依法经农村村民集体讨论通过并在本集体范围内公示后，报乡（镇）人民政府审核批准。

涉及占用农用地的，应当依法办理农用地转用审批手续。

4. 儿子结婚还能再申请宅基地吗?

典型案例

老王是某省幸福村的村民，名下有一处 170 平方米的宅基地。小王是老王的独生子，与老王同属一个户口。眼看小王已经到了谈婚论嫁的年龄，老王就想向村委会再申请一处100平方米的宅基地盖新房子，作为儿子的婚房。但村委会说本省规定一户只能有一处宅基地，面积不能超过178平方米，老王再申请宅基地，违反了本省的规定。请问，老王还能再申请一处宅基地吗？

以案普法

我国人均土地少，实行严格的土地用途管制制度，农村村民申请宅基地建住宅应当符合乡（镇）土地利用总体规划、村庄规划以及法律规定。

《土地管理法》第62条中规定，农村村民一户只能拥有一处宅基地，即“一户一宅”。但何为一户？原则是根据公安部门管理的户籍来认定。如果在户口簿上登记的是一家人，那么该户口簿所登记的家庭就是一户，只能申请一处宅基地。并且根据该条规定，村民申请宅基地的面积也不得超过省、自治区、直辖市规定的标准。

上述案例中，老王一家同属一个户口，根据《土地管理法》的规定，不能再申请宅基地了。

法律依据

《中华人民共和国土地管理法》

第六十二条　农村村民一户只能拥有一处宅基地，其宅基地的面积不得超过省、自治区、直辖市规定的标准。

……

5. 将农村住宅出卖后，再申请宅基地还会被批准吗？

典型案例

杜女士系杏花村的村民。但是，长期以来，杜女士都随子女在城镇生活，并将村里的住宅以5万元的价格卖给了同村的老李。现在孙子已经长大，不需要照顾，杜女士就想回到老家继续生活，但自家在村里已经没有了宅基地。于是杜女士向村委会递交了一份《宅基地申请书》，希望村委会能够考虑给自己分配一处宅基地。请问，杜女士申请的宅基地会被批准吗？

以案普法

随着国家乡村振兴战略、人居环境整治等重大措施的实施，农村的人居环境有了巨大改善，经济建设得到快速发展，在城镇生活的村民开始陆续回流。相应地，矛盾纠纷也有所增加，其中就包括宅基地纠纷。

我国实行农村土地集体所有制度，农民对其宅基地不享有所有权，只享有使用权。根据《土地管理法》第62条第5款规定，农村村民出卖、出租、赠与住宅后，再申请宅基地的，不予批准。因此，杜女士将自己的住宅出卖给老李后，再申请宅基地就不会被批准。

法律依据

《中华人民共和国土地管理法》

第六十二条　……

农村村民出卖、出租、赠与住宅后，再申请宅基地的，不予批准。

国家允许进城落户的农村村民依法自愿有偿退出宅基地，鼓励农村集体经济组织及其成员盘活利用闲置宅基地和闲置住宅。

国务院农业农村主管部门负责全国农村宅基地改革和管理有关工作。

6. 什么情况下宅基地会被收回?

典型案例

如意村的村民老田，长期在省城打工，后来就在省城安家落户。老田在幸福村还有一处房屋，因为常年没有人居住，年久失修，随时都有坍塌的可能。于是，老田就打算将房屋拆除，在宅基地上建鱼塘和小花园。村委会发现后，立即阻止了建设行为，并要求老田将宅基地返还村集体，但老田拒不配合。请问，如意村村委会有权收回老田的宅基地吗？什么情况下，村委会可以收回宅基地？

以案普法

我国实行农村土地用途管制制度。土地用途管制的作用在于合理保护自然资源，严格控制资源无序开发利用，寻求既保护自然资源又保障自然资源开发利用、为社会发展提供物质的基础路径，达到自然资源优化配置，以实现自然资源可持续利用、生态文明建设持续推进的总体目标。《土地管理法》第 64 条规定，集体建设用地的使用者应当严格按照土地利用总体规划、城乡规划确定的用途使用土地。

根据《土地管理法》第 66 条第 1 款的规定，有下列情形之一的，农村集体经济组织报经原批准用地的人民政府批准，可以收回土地使用权：（1）为乡（镇）村公共设施和公益事业建设，需要使用土地的；（2）不按照批准的用途使用土地的；（3）因撤销、迁移等原因而停止使用土地的。老田没有按照宅基地的用途建设房屋，而是准备挖鱼塘、建花园，属于上述法律规定中可以收回土地使用权的情形，如意村的村委会可以在原批准用地的乡人民政府批准后收回宅基地。

法律依据

《中华人民共和国土地管理法》

第六十四条 集体建设用地的使用者应当严格按照土

地利用总体规划、城乡规划确定的用途使用土地。

第六十六条　有下列情形之一的，农村集体经济组织报经原批准用地的人民政府批准，可以收回土地使用权：

（一）为乡（镇）村公共设施和公益事业建设，需要使用土地的；

（二）不按照批准的用途使用土地的；

（三）因撤销、迁移等原因而停止使用土地的。

依照前款第（一）项规定收回农民集体所有的土地的，对土地使用权人应当给予适当补偿。

收回集体经营性建设用地使用权，依照双方签订的书面合同办理，法律、行政法规另有规定的除外。

7. 没有权属来源的宅基地，该如何处理？

典型案例

老吴从小就在正义村居住，1965 年在村里建了三间房屋，占地 108 平方米。因当时管理不规范，村委会认为都是本村的村民，就同意老吴建造房屋，并没有办理宅基地审批手续。最近几年，国家准备对农村的房屋进行确权登记，老吴着了急，担心自己没有任何宅基地信息资料，无法办理登记手续和房屋产权证书。请问，像老吴的这种情况该怎么办？

以案普法

我国宅基地数量大、情况复杂，改革开放前期，一些农村因地籍调查基础薄弱、登记资料管理不规范和信息化程度低等问题，造成宅基地管理混乱，甚至没有地籍信息，造成了像老吴这样没有宅基地信息资料的情况。

那么，老吴该怎么确权办证呢？国土资源部（现为自然资源部）《关于进一步加快宅基地和集体建设用地确权登记发证有关问题的通知》第 10 条规定，对于没有权属来源材料的宅基地，应当查明土地历史使用情况和现状，由所在农民集体或村委会对宅基地使用权人、面积、四至范围等进行确认后，公告 30 天无异议，并出具证明，经乡（镇）人民政府审核，报县级人民政府审定，属于合法使用的，予以确权登记。因此，老吴的宅基地应当由正义村村委会先行调查使用情况以及房屋信息后，在村内进行公告，然后出具证明，由乡、县两级人民政府审定通过后，予以确权登记，发放权属证书。

法律依据

《国土资源部关于进一步加快宅基地和集体建设用地确权登记发证有关问题的通知》

十、规范没有土地权属来源材料的宅基地、集体建设用地确权登记程序。对于没有权属来源材料的宅基地，应当查明土地历史使用情况和现状，由所在农民集体或村委会对宅基地使用权人、面积、四至范围等进行确认后，公告30天无异议，并出具证明，经乡（镇）人民政府审核，报县级人民政府审定，属于合法使用的，予以确权登记。

对于没有权属来源材料的集体建设用地，应当查明土地历史使用情况和现状，认定属于合法使用的，经所在农民集体同意，并公告30天无异议，经乡（镇）人民政府审核，报县级人民政府批准，予以确权登记。

8. 村民之间买卖宅基地是否合法?

典型案例

老周与老韩同是忠义村的村民，老周家位于老韩家后面，由于两家之间没有过道，老周家只能从西侧开门，十分不便。后来，老周家在县城购买了房屋，准备落户到县城。而老韩家因房屋面积太小，已不能满足家人居住生活的需要。于是双方协商一致，老周以10万元的价格将自己的宅基地卖给老韩，并签订了《宅基地买卖协议》。请问，他们签订的协议合法吗?

以案普法

农村宅基地是农村居民生活的重要保障，根据法律规定，城镇的居民不能到农村购买房屋或者宅基地，目的是保障村集体内的村民能够有充足的住房。

那么，老韩和老周之间能对宅基地进行买卖吗？根据《土地管理法》第9条第2款的规定，农村和城市郊区的土地，除由法律规定属于国家所有的以外，属于农民集体所有；宅基地和自留地、自留山，属于农民集体所有。因此，老周的宅基地属于村集体所有，老周仅享有占有权和使用权，不能对宅基地进行买卖。两人签订的《宅基地买卖协议》是不符合法律规定的。

虽然老周和老韩不能对宅基地进行买卖，但老周和老韩属于同一个村集体，法律并未禁止同村村民宅基地使用权的转让。因此，老周和老韩可以签订《宅基地使用权转让合同》，将老周宅基地的使用权转让给老韩。

法律依据

《中华人民共和国土地管理法》

第九条　城市市区的土地属于国家所有。

农村和城市郊区的土地，除由法律规定属于国家所有的以外，属于农民集体所有；宅基地和自留地、自留山，属于农民集体所有。

9. 城镇居民能否到农村购买宅基地？

典型案例

不久前，城镇居民老余办理了退休手续。因老余小时候一直在农村居住，对农村的生活环境特别怀念，就想在农村购买一处宅基地，盖一座房屋，种种菜、养养花，安安静静地生活，颐养天年。于是，老余托熟人询问，村里的小李愿意把自己205平方米的宅基地以15万元的价格卖给老张，于是，双方签订了《宅基地买卖协议》。请问，老余能到农村购买小李的宅基地吗？他们签订的买卖协议有效吗？

以案普法

农村的宅基地是农村村民的基本居住保障，是农村社会稳定的重要基础。所以，我国对农村宅基地的管理非常严格。中共中央、国务院《关于切实加强农业基础建设进一步促进农业发展农民增收的若干意见》以及中央农村工作领导小组办公室、农业农村部《关于进一步加强农村宅基地管理的通知》等强调，严禁城镇居民购买农村宅基地，依法保护农村居民的基本居住权益。因此，城镇居民老余是不能到农村购买宅基地的。

那么，双方之间签订的《宅基地买卖协议》是否有效呢?《土地管理法》第 2 条第 3 款规定，任何单位和个人不得侵占、买卖或者以其他形式非法转让土地。老余和小李签订的《宅基地买卖协议》违反了《土地管理法》禁止买卖土地的规定。同时,《民法典》第 153 条第 1 款规定，违反法律、行政法规的强制性规定的民事法律行为无效。《土地管理法》是全国人大常委会制定的法律，其中关于禁止买卖土地的规定属于强制性规定。因此，老余和小李之间签订的《宅基地买卖协议》因违反法律的强制性规定而无效，是不受法律保护的。

法律依据

《中华人民共和国民法典》

第一百五十三条 违反法律、行政法规的强制性规定的民事法律行为无效。但是，该强制性规定不导致该民事法律行为无效的除外。

……

《中华人民共和国土地管理法》

第二条 ……

任何单位和个人不得侵占、买卖或者以其他形式非法转让土地。土地使用权可以依法转让。

……

第九条 城市市区的土地属于国家所有。

农村和城市郊区的土地，除由法律规定属于国家所有的以外，属于农民集体所有；宅基地和自留地、自留山，属于农民集体所有。

《中央农村工作领导小组办公室 农业农村部关于进一步加强农村宅基地管理的通知》

六、依法保护农民合法权益

……宅基地是农村村民的基本居住保障，严禁城镇居民到农村购买宅基地，严禁下乡利用农村宅基地建设别墅大院和私人会馆。……

10. 进城落户的农民是否必须退出原宅基地？

典型案例

幸福村的村民赵二在村里有一处 105 平方米的宅基地。赵二因在村子附近找不到合适的工作，便到广州打工，一去就是 10 年。其间，赵二在广州结婚生子。后因孩子的上学问题，赵二准备将户口迁至广州，但他不想因为迁户口丧失在幸福村的宅基地。请问，赵二将户口迁至广州后，就必须退出农村的宅基地吗？

以案普法

农民工是我国改革开放和工业化、城镇化进程中涌现的一支新型劳动大军。他们有的在农闲季节外出务工，有的长期在城镇企业就业，已成为产业工人的重要组成部分，对我国现代化建设作出了重大贡献。

《土地管理法实施条例》第36条第2款规定，禁止违背农村村民意愿强制流转宅基地，禁止违法收回农村村民依法取得的宅基地，禁止以退出宅基地作为农村村民进城落户的条件，禁止强迫农村村民搬迁退出宅基地。因此，国家保护进城务工村民的合法权益，进城落户并不要求必须退出农村的宅基地。

另外，国土资源部（现为自然资源部）《关于进一步加快宅基地和集体建设用地确权登记发证有关问题的通知》规定，农民进城落户后，其原合法取得的宅基地使用权应予以确权登记。该规定明确不能强迫进城落户农民放弃其合法取得的宅基地使用权。因此，赵二可以在不退出原宅基地的基础上将户口迁至广州市。

法律依据

《中华人民共和国土地管理法实施条例》

第三十六条 依法取得的宅基地和宅基地上的农村村民住宅及其附属设施受法律保护。

禁止违背农村村民意愿强制流转宅基地，禁止违法收回农村村民依法取得的宅基地，禁止以退出宅基地作为农村村民进城落户的条件，禁止强迫农村村民搬迁退出宅基地。

《国土资源部关于进一步加快宅基地和集体建设用地确权登记发证有关问题的通知》

八、依法维护农村妇女和进城落户农民的宅基地权益。农村妇女作为家庭成员，其宅基地权益应记载到不动产登记簿及权属证书上。农村妇女因婚嫁离开原农民集体，取得新家庭宅基地使用权的，应依法予以确权登记，同时注销其原宅基地使用权。

农民进城落户后，其原合法取得的宅基地使用权应予以确权登记。

11. 农村的宅基地和住房可以继承吗？

典型案例

贾村的村民老贾年轻的时候做生意挣了不少钱，把宅基地上的房屋重新装修一番，看上去像一个小别墅，相当气派。但好景不长，不久老贾就生病去世了。在外地当教师的儿子小贾闻讯赶回办理丧事。老贾只有小贾一个孩子，小贾的户口也在贾村。请问，小贾能否继承老贾的宅基地和房屋呢？

以案普法

遗产是自然人死亡时遗留的个人所有的合法财产。我国实行的是农村宅基地所有权、宅基地使用权和房屋所有权相分离的制度。《土地管理法》第11条中规定，农民集体所有的土地依法属于村农民集体所有的，由村集体经济组织或者村民委员会经营、管理。因此，农村宅基地的所有权属于村集体经济组织，是不能继承的。

而宅基地使用权和房屋所有权属于农户。宅基地使用权人以户为单位，依法享有占有和使用宅基地的权利。在户内有成员死亡而农户存续的情况下，不产生宅基地继承问题。农户全部成员死亡时，权利主体不再存在，宅基地使用权灭失。但根据《民法典》关于继承的有关规定，被继承人的房屋作为其遗产由继承人继承，按照“房地一体”原则，继承人依继承取得房屋所有权后，可以依法使用宅基地。

因此，小贾可以继承老贾的房屋，同时继续使用宅基地。

法律依据

《中华人民共和国民法典》

第一千一百二十二条 遗产是自然人死亡时遗留的个人合法财产。

依照法律规定或者根据其性质不得继承的遗产，不得继承。

《中华人民共和国土地管理法》

第十一条 农民集体所有的土地依法属于村农民集体

所有的，由村集体经济组织或者村民委员会经营、管理；已经分别属于村内两个以上农村集体经济组织的农民集体所有的，由村内各该农村集体经济组织或者村民小组经营、管理；已经属于乡（镇）农民集体所有的，由乡（镇）农村集体经济组织经营、管理。

12. 农村一处宅基地的面积最大是多少？

典型案例

田大是某省博爱村的村民，一直和父母生活，家里只有一处110平方米的宅基地。田大结婚生子后，随着孩子长大，家里住房紧张。田大向村委会申请在原有的宅基地旁边再扩建一个100平方米的房屋用于居住。村委会告知田大，根据本省的规定，一户只能有一处宅基地，面积不能超过140平方米，其已经拥有110平方米的宅基地，最多只能再扩建30平方米。田大认为再扩建30平方米根本不够用，于是发生纠纷，双方各执一词。请问，田大只有一处宅基地，面积最大可以是多少？

以案普法

宅基地是保障农民安居乐业和农村社会稳定的重要基础。我国实行严格的土地用途管制制度，要求合理安排宅基地用地，农村村民应严格按照批准面积和建房标准建设住宅，禁止未批先建、超面积占用宅基地的行为。

《土地管理法》第 62 条第 1 款规定，农村村民一户只能拥有一处宅基地，其宅基地的面积不得超过省、自治区、直辖市规定的标准。宅基地的面积标准由各省、自治区、直辖市根据各自的具体情况制定。田大应当遵守其所在省关于宅基地面积的规定。该省规定村民一户一宅，宅基地面积最大不能超过 140 平方米。田大家已经拥有 110 平方米的宅基地，所以，田大最多只能扩建 30 平方米的宅基地，否则就违反了该省的规定。

法律依据

《中华人民共和国土地管理法》

第六十二条 农村村民一户只能拥有一处宅基地，其宅基地的面积不得超过省、自治区、直辖市规定的标准。

……

13. 村民之间发生宅基地纠纷该如何处理？

典型案例

老赵和老于都是尚德村的村民。老赵家因房屋年久失修，需进行重建。在拆除旧房屋后，老赵又将地基往外扩展了 50 厘米。邻居老于发现后，认为老赵占用了自己的宅基地，要求他立即停止建设，而老赵认为自己没有占用老于家的宅基地，不肯停工，于是双方发生纠纷。请问，该纠纷如何处理？

以案普法

土地所有权和使用权等土地权属问题引发的纠纷或争议通常是由地界不清、土地权属紊乱、政策变更，以及其他历史遗留问题造成的。老赵和老于的纠纷就属于因土地的边界不清而导致的。

对发生土地权属争议的案件，一般县、乡两级人民政府对土地的权属、历史原因等较为清楚，如果能够快速介入，加强对纠纷双方当事人的调解说服工作，使双方当事人将矛盾平息在初发之时，往往能获得较好的社会效果。因此，《土地管理法》第 14 条规定，土地所有权和使用权争议，由当事人协商解决；协商不成的，由人民政府处理。单位之间的争议，由县级以上人民政府处理；个人之间、个人与单位之间的争议，由乡级人民政府或者县级以上人民政府处理。当事人对有关人民政府的处理决定不服的，可以自接到处理决定通知之日起 30 日内，向人民法院起诉。老赵和老于之间的土地纠纷应当由乡政府或县政府先出面处理，他们如果对处理结果不服，可以在收到结果后 30 日内提起诉讼。

法律依据

《中华人民共和国土地管理法》

第十四条 土地所有权和使用权争议，由当事人协商解决；协商不成的，由人民政府处理。

单位之间的争议，由县级以上人民政府处理；个人之间、个人与单位之间的争议，由乡级人民政府或者县级以上人民政府处理。

当事人对有关人民政府的处理决定不服的，可以自接到处理决定通知之日起三十日内，向人民法院起诉。

在土地所有权和使用权争议解决前，任何一方不得改变土地利用现状。

14. 农村的宅基地和房屋可以抵押贷款吗?

典型案例

仁义村的村民老曹年轻时跟着村里装修师傅走南闯北，学了不少手艺。现在国家鼓励村民回乡创业，于是老曹就想在县城开一家装修公司，但是房租、装修、水电、设备、人员工资等都是不小的开支。老曹现有的资金还差一半，不知怎么办才好。有一次，老曹和朋友在一起吃饭，说起此事，朋友建议他用房子贷款，到时候再慢慢还。老曹听了觉得确实是个办法，但是他不确定自己在农村的房子是否可以抵押贷款?

以案普法

2015年，国务院办公厅《关于支持农民工等人员返乡创业的意见》指出，支持农民工、大学生和退役士兵等人员返乡创业，可以促就业、增收入，打开新型工业化和农业现代化、城镇化和新农村建设协同发展新局面。但是创业需要资金，对于农村村民来说，这是一笔不小的费用，如果可以贷款，就能缓解燃眉之急。

国家为了促进农村经济发展，激活农村沉淀资产，于2016年3月15日颁布了《农民住房财产权抵押贷款试点暂行办法》，规定在不改变宅基地所有权性质的前提下，农民住房所有人可以以农民住房所有权及所占宅基地使用权作为抵押，在金融机构进行贷款。但《农民住房财产权抵押贷款试点暂行办法》有试点区域及期限限制，于2018年12月31日到期。试点期限到期之后，根据《民法典》第399条的规定，宅基地等集体所有的土地使用权不能抵押。因为房屋和土地不能分离，用房屋作抵押其实就是将宅基地作为抵押，因此，老曹不能用宅基地上的自建房屋进行抵押贷款。

法律依据

《中华人民共和国民法典》

第三百九十九条 下列财产不得抵押：

（一）土地所有权；

（二）宅基地、自留地、自留山等集体所有土地的使用权，但是法律规定可以抵押的除外；

（三）学校、幼儿园、医疗机构等为公益目的成立的非营利法人的教育设施、医疗卫生设施和其他公益设施；

（四）所有权、使用权不明或者有争议的财产；

（五）依法被查封、扣押、监管的财产；

（六）法律、行政法规规定不得抵押的其他财产。

《农民住房财产权抵押贷款试点暂行办法》

第一条 为依法稳妥规范推进农民住房财产权抵押贷款试点，加大金融对“三农”的有效支持，保护借贷当事人合法权益，根据《国务院关于开展农村承包土地的经营权和农民住房财产权抵押贷款试点的指导意见》（国发〔2015〕45号）和《全国人民代表大会常务委员会关于授权国务院在北京市大兴区等232个试点县（市、区）、天津市蓟县等59个试点县（市、区）行政区域分别暂时调整实施有关法律规定的决定》等政策规定，制定本办法。

第二条 本办法所称农民住房财产权抵押贷款，是指在不改变宅基地所有权性质的前提下，以农民住房所有权及所占宅基地使用权作为抵押、由银行业金融机构（以下称贷款人）向符合条件的农民住房所有人（以下称借款人）发放的、在约定期限内还本付息的贷款。

15. 农村房屋是否可以用于商业经营?

典型案例

吴天是富强村的村民，在上海当厨师。因为家里父母年迈，吴天就想回到老家，一边工作，一边给父母养老。富强村靠近县城，随着经济的发展，人流量也越来越大。吴天想把自己的房屋改造一下，开一家饭店。准备得差不多了，吴天打算向市场监督管理部门申请办理营业执照。请问，吴天可以将自己的住宅用于商业经营吗?

以案普法

随着我国城镇化进程加速，越来越多的农村村民在城镇落户生活，但他们不愿意放弃农村的宅基地，于是在我国许多农村出现了不少闲置宅基地和闲置房屋。为了实施乡村振兴战略，2019 年，中央农村工作领导小组办公室、农业农村部印发《关于进一步加强农村宅基地管理的通知》，鼓励村集体和农民盘活利用闲置宅基地和住宅，通过自主经营、合作经营、委托经营等方式，依法依规发展农家乐、民宿、乡村旅游等。

《市场主体登记管理条例》第 11 条第 3 款的规定，省、自治区、直辖市人民政府可以根据有关法律、行政法规的规定和本地区实际情况，自行或者授权下级人民政府对住所或者主要经营场所作出更加便利市场主体从事经营活动的具体规定。由此可以看出，农村房屋可以进行商业经营，因此，吴天可以向市场监督管理部门申请办理营业执照。

法律依据

《中华人民共和国市场主体登记管理条例》

第十一条 市场主体只能登记一个住所或者主要经营场所。

电子商务平台内的自然人经营者可以根据国家有关规定，将电子商务平台提供的网络经营场所作为经营场所。

省、自治区、直辖市人民政府可以根据有关法律、行政法规的规定和本地区实际情况，自行或者授权下级人民政府对住所或者主要经营场所作出更加便利市场主体从事经营活动的具体规定。

《中央农村工作领导小组办公室　农业农村部关于进一步加强农村宅基地管理的通知》

五、鼓励盘活利用闲置宅基地和闲置住宅

鼓励村集体和农民盘活利用闲置宅基地和闲置住宅，通过自主经营、合作经营、委托经营等方式，依法依规发展农家乐、民宿、乡村旅游等。城镇居民、工商资本等租赁农房居住或开展经营的，要严格遵守合同法的规定，租赁合同的期限不得超过二十年。……

16. 农村房屋对外出租的最长期限是多少年？

典型案例

小河村的村民老林持有一级厨师证，在县城开了一家餐馆，生意红火，于是在县城买了房和车。后来，为了孩子上学，老林把户口也迁到了县城。随着县城的不断发展扩大，小河村变成了郊区，在村里租房的人也越来越多。老林家有三间房屋，装修得还不错，他想着把房屋租出去，还能多一笔收入。老林考虑到自己已经在县城定居，想与承租人签订一份 30 年的租赁合同，免得来回麻烦。请问，老林的想法对吗？房屋对外出租的最长期限是多少年？

以案普法

这里涉及租赁期限的问题。租赁期限的长短实际是由当事人根据其使用租赁物的目的和租赁物的性质自主决定的。而由于客观情况总是在不断变化，特别是不动产的价格可能会因一个国家的经济形势变化而有一定程度的波动。因此，租赁期太长不利于当事人权利的实现。为了更好地保护当事人双方的合法权益，《民法典》第 705 条第 1 款规定，租赁期限不得超过 20 年。超过 20 年的，超过部分无效。所以，老林与承租人签订租赁合同的最长期限为 20 年，如果到期后还想续租，双方可以另行约定，重新签订合同。

法律依据

《中华人民共和国民法典》

第七百零五条 租赁期限不得超过二十年。超过二十年的，超过部分无效。

租赁期限届满，当事人可以续订租赁合同；但是，约定的租赁期限自续订之日起不得超过二十年。

17. 村民建设房屋需要审批吗？

典型案例

仁爱村的村民老秦有两个儿子，已经到了结婚生子的年纪，家里的房屋不能满足居住需求，老秦就想在现有的房子旁边再新建两间房屋，作为儿子的婚房。请问，老秦新建房屋，需要获得政府审批吗？

以案普法

农村宅基地用地建房的审批管理事关亿万农民居住权益，涉及农业农村、自然资源等多个部门。《土地管理法实施条例》第 34 条第 1 款规定，农村村民申请宅基地的，应当以户为单位向农村集体经济组织提出申请；没有设立农村集体经济组织的，应当向所在的村民小组或者村民委员会提出申请。宅基地申请依法经农村村民集体讨论通过并在本集体范围内公示后，报乡（镇）人民政府审核批准。同时，《农业农村部、自然资源部关于规范农村宅基地审批管理的通知》进一步明确，村民建设房屋应当提出建房（规划许可）书面申请。

因此，老秦想要新建房屋，应当先向村民小组提出宅基地和建房（规划许可）书面申请，并在本小组范围内进行公示，公示无异议或异议不成立后，提交村级组织审查。村级组织重点审查提交的材料是否真实有效、拟用地建房是否符合村庄规划、是否征求了用地建房相邻权利人意见等。审查通过的，由村级组织签署意见，报送乡镇政府审批。

法律依据

《中华人民共和国土地管理法实施条例》

第三十四条 农村村民申请宅基地的，应当以户为单位向农村集体经济组织提出申请；没有设立农村集体经济组织的，应当向所在的村民小组或者村民委员会提出申请。宅基地申请依法经农村村民集体讨论通过并在本集体范围内公示后，报乡（镇）人民政府审核批准。

涉及占用农用地的，应当依法办理农用地转用审批手续。

18. 村民建设房屋是否需要发包给有资质的施工企业?

典型案例

吴二大学毕业之后就一直在外地工作。退休后，吴二想着自己辛辛苦苦一辈子，也该回村享享清福，于是打算把村里的老房子翻建一下，盖一栋三层小楼，就像城镇的小别墅一样。吴二和村里经常在工地上包工的老李说了自己的想法，老李表示包在自己身上，一定把房子建得漂漂亮亮的。请问，老李没有建设施工资质，可以承包吴二的房屋建设吗?

以案普法

随着农村生活条件的提高，农村居民收入不断增加。农村新建、扩建、翻建房屋的越来越多。而农村建设房屋往往都是包给不具备资质的个体施工队伍施工，虽然较大地降低了建房成本，但存在一定的安全隐患，可能会导致双方产生纠纷。

《村庄和集镇规划建设管理条例》第 21 条第 1 款规定，在村庄、集镇规划区内，凡建筑跨度、跨径或者高度超出规定范围的乡（镇）村企业、乡（镇）村公共设施和公益事业的建筑工程，以及 2 层（含 2 层）以上的住宅，必须由取得相应的设计资质证书的单位进行设计，或者选用通用设计、标准设计。第 23 条规定，承担村庄、集镇规划区内建筑工程施工任务的单位，必须具有相应的施工资质等级证书或者资质审查证书，并按照规定的经营范围承担施工任务。在村庄、集镇规划区内从事建筑施工的个体工匠，除承担房屋修缮外，须按有关规定办理施工资质审批手续。据此可知，吴二打算建造三层的楼房，在房屋设计上，要委托具有相应资质的单位进行设计或者选用通用设计、标准设计，不能想怎么盖就怎么盖。另外，老李没有施工资质，只能承担一些房屋修缮的工作，不能承包吴二的房屋建设。

法律依据

《村庄和集镇规划建设管理条例》

第二十一条　在村庄、集镇规划区内，凡建筑跨度、跨径或者高度超出规定范围的乡（镇）村企业、乡（镇）村公共设施和公益事业的建筑工程，以及二层（含二层）以上的住宅，必须由取得相应的设计资质证书的单位进行设计，或者选用通用设计、标准设计。

跨度、跨径和高度的限定，由省、自治区、直辖市人民政府或者其授权的部门规定。

第二十三条　承担村庄、集镇规划区内建筑工程施工任务的单位，必须具有相应的施工资质等级证书或者资质审查证明，并按照规定的经营范围承担施工任务。

在村庄、集镇规划区内从事建筑施工的个体工匠，除承担房屋修缮外，须按有关规定办理施工资质审批手续。

第二章

耕地保护

1. 非农业建设可以占用耕地吗?

典型案例

某市文广旅局将李家村确定为非物质文化遗产传承示范基地。由于李家村地处深山，交通不便利在一定程度上限制了当地经济的发展。为了更好地发挥非物质文化遗产传承示范基地的作用，李家村拟修建通往市里的道路，建设配套的旅游设施，促进经济的发展。相关部门经过多次论证，发现修建道路与旅游设施必须占用李家村的部分耕地，请问是否符合规定?

以案普法

根据《土地管理法》第 45 条第 1 款第 2 项的规定，为了公共利益的需要，由政府组织实施的交通等基础设施建设需要用地的，可以依法实施征收农民集体所有的土地。因此，李家村建设道路与旅游配套设施可以占用耕地。

但需要注意的是，《土地管理法》第 44 条第 1 款规定，建设占用土地，涉及农用地转为建设用地的，应当办理农用地转用审批手续。第 61 条规定，乡（镇）村公共设施、公益事业建设，需要使用土地的，经乡（镇）人民政府审核，向县级以上地方人民政府自然资源主管部门提出申请，按照省、自治区、直辖市规定的批准权限，由县级以上地方人民政府批准。因此，如果想占用李家村耕地来修建道路与配套的旅游设施，必须按照规定，办理农用地转用审批手续。否则，依据《土地管理法》第77条第1款的规定，主管部门将责令退还非法占用的土地，限期拆除非法占用的土地上新建的建筑物和其他设施，恢复土地原状，还可能处以罚款；对非法占用土地单位的直接负责的主管人员和其他直接责任人员，依法给予处分；构成犯罪的，依法追究刑事责任。

法律依据

《中华人民共和国土地管理法》

第四十四条 建设占用土地，涉及农用地转为建设用地的，应当办理农用地转用审批手续。

……

第四十五条 为了公共利益的需要，有下列情形之一，确需征收农民集体所有的土地的，可以依法实施征收：

……

（二）由政府组织实施的能源、交通、水利、通信、邮政等基础设施建设需要用地的；

……

第六十一条 乡（镇）村公共设施、公益事业建设，需要使用土地的，经乡（镇）人民政府审核，向县级以上地方人民政府自然资源主管部门提出申请，按照省、自治区、直辖市规定的批准权限，由县级以上地方人民政府批准；其中，涉及占用农用地的，依照本法第四十四条的规定办理审批手续。

第七十七条　未经批准或者采取欺骗手段骗取批准，非法占用土地的，由县级以上人民政府自然资源主管部门责令退还非法占用的土地，对违反土地利用总体规划擅自将农用地改为建设用地的，限期拆除在非法占用的土地上新建的建筑物和其他设施，恢复土地原状，对符合土地利用总体规划的，没收在非法占用的土地上新建的建筑物和其他设施，可以并处罚款；对非法占用土地单位的直接负责的主管人员和其他直接责任人员，依法给予处分；构成犯罪的，依法追究刑事责任。

……

2. 哪些耕地属于永久基本农田？

典型案例

老程承包了和田村村集体的 8 亩耕地，后来和田村种植稻谷的耕地 90% 都被当地划为永久基本农田，老程承包的耕地也全部挂上了永久基本农田的标志。国家财政对永久基本农田的补贴比一般的耕地高，而且水利设施也更为完善。同村的老李看在眼里，认为自己在山脚下承包的土地不仅路途遥远，还不便于浇灌，要是也能划定为永久基本农田就好了。请问，老李的耕地能被划定为永久基本农田吗？

以案普法

永久基本农田就是不能改变其用途，不得以任何方式挪作他用的基本农田。2019 年修正的《土地管理法》把原来的“基本农田”全部修改为“永久基本农田”，表明我国实行永久基本农田保护制度，体现了国家对耕地特别是基本农田的高度重视以及较为严格的保护态度。

那么，哪些耕地会被划定为永久基本农田？《土地管理法》第 33 条第 1 款对此进行了规定：第一，经国务院农业农村主管部门或者县级以上地方人民政府批准确定的粮、棉、油、糖等重要农产品生产基地内的耕地；第二，有良好的水利与水土保持设施的耕地，正在实施改造计划以及可以改造的中、低产田和已建成的高标准农田；第三，蔬菜生产基地；第四，农业科研、教学试验田；第五，国务院规定应当划为永久基本农田的其他耕地。老李的耕地位于山脚下，没有良好的水利和水土条件，所以不符合划定永久基本农田的条件。

法律依据

《中华人民共和国土地管理法》

第三十三条 国家实行永久基本农田保护制度。下列耕地应当根据土地利用总体规划划为永久基本农田，实行严格保护：

（一）经国务院农业农村主管部门或者县级以上地方人民政府批准确定的粮、棉、油、糖等重要农产品生产基地内的耕地；

（二）有良好的水利与水土保持设施的耕地，正在实施改造计划以及可以改造的中、低产田和已建成的高标准农田；

（三）蔬菜生产基地；

（四）农业科研、教学试验田；

（五）国务院规定应当划为永久基本农田的其他耕地。

各省、自治区、直辖市划定的永久基本农田一般应当占本行政区域内耕地的百分之八十以上，具体比例由国务院根据各省、自治区、直辖市耕地实际情况规定。

第三十四条　永久基本农田划定以乡（镇）为单位进行，由县级人民政府自然资源主管部门会同同级农业农村主管部门组织实施。永久基本农田应当落实到地块，纳入国家永久基本农田数据库严格管理。

乡（镇）人民政府应当将永久基本农田的位置、范围向社会公告，并设立保护标志。

3. 什么情况下可以占用永久基本农田？

典型案例

某省民权镇种植的玉米远近闻名，一经收割便被抢购一空，这得益于民权镇特有的土地与气候。为了保证玉米良好的种植环境，民权镇80%的耕地被依法划定为永久基本农田。后来，该省拟修建民权镇直达其省会城市的铁路。经规划，修建铁路会占用民权镇的30亩永久基本农田。那么，修建铁路可以占用永久基本农田吗？

以案普法

耕地是宝贵的自然资源，一直以来，国家对耕地特别是永久基本农田高度重视，法律严格限制耕地转为非耕地，对占用永久基本农田的要求更为严格。《土地管理法》第35条中规定，永久基本农田经依法划定后，任何单位和个人不得擅自占用或者改变其用途。

对于无法避免的必须占用永久基本农田的特殊情况，比如国家能源、交通、水利、军事设施等重点建设项目选址确实难以避开永久基本农田的，可以进行农用地转用或者土地征收，但必须履行严格的审批手续，须经国务院批准。禁止通过擅自调整县级土地利用总体规划、乡（镇）土地利用总体规划等方式规避永久基本农田农用地转用或者土地征收的审批。

因此，民权镇在经国务院批准后，才能占用永久基本农田修建铁路。

法律依据

《中华人民共和国土地管理法》

第三条　十分珍惜、合理利用土地和切实保护耕地是我国的基本国策。各级人民政府应当采取措施，全面规划，严格管理，保护、开发土地资源，制止非法占用土地的行为。

第三十四条 永久基本农田划定以乡（镇）为单位进行，由县级人民政府自然资源主管部门会同同级农业农村主管部门组织实施。永久基本农田应当落实到地块，纳入国家永久基本农田数据库严格管理。

乡（镇）人民政府应当将永久基本农田的位置、范围向社会公告，并设立保护标志。

第三十五条 永久基本农田经依法划定后，任何单位和个人不得擅自占用或者改变其用途。国家能源、交通、水利、军事设施等重点建设项目选址确实难以避让永久基本农田，涉及农用地转用或者土地征收的，必须经国务院批准。

禁止通过擅自调整县级土地利用总体规划、乡（镇）土地利用总体规划等方式规避永久基本农田农用地转用或者土地征收的审批。

4. 能否在永久基本农田上种植果树?

典型案例

幸福村村民老张的儿子张建设大学毕业后，取得了园艺（果树学）专业学士学位，他立志用自己的所学造福家乡，带动村民共同富裕。经过多方考察，张建设打算凭借优质的土地和现代化的技术在本村种植脐橙，改变当地贫穷的现状。于是张建设与父亲一起动员村里的农户将土地转包给自己。在办理土地转包手续时，张建设发现，自己承包的土地中有20亩是永久基本农田。那么，张建设能否在永久基本农田上种植果树呢？

以案普法

“民以食为天，食以地为先”，我国实行永久基本农田保护制度，划定永久基本农田是为了保证我国粮食生产的红线。

《土地管理法》第37条第3款规定，禁止占用永久基本农田发展林果业和挖塘养鱼。这是为了避免对土地的耕作层造成破坏。因此，张建设父子不能在承包的永久基本农田上种植脐橙，只能在经县级以上人民政府依法批准开发未确定使用权的国有荒山、荒地、荒滩，或经批准的其他土地等处种植。否则，有可能构成《刑法》第342条规定的非法占用农用地罪，被判处5年以下有期徒刑或者拘役，并处或者单处罚金。

法律依据

《中华人民共和国土地管理法》

第三十三条 国家实行永久基本农田保护制度。……

第三十七条 ……

禁止占用永久基本农田发展林果业和挖塘养鱼。

第四十一条　开发未确定使用权的国有荒山、荒地、荒滩从事种植业、林业、畜牧业、渔业生产的，经县级以上人民政府依法批准，可以确定给开发单位或者个人长期使用。

《中华人民共和国刑法》

第三百四十二条　违反土地管理法规，非法占用耕地、林地等农用地，改变被占用土地用途，数量较大，造成耕地、林地等农用地大量毁坏的，处五年以下有期徒刑或者拘役，并处或者单处罚金。

5. 村民能否在自己承包的耕地上建房？

典型案例

村民老邢承包了村集体的5亩耕地。后来，村里道路升级改造，老邢承包耕地旁边的公路可以直接到达乡镇，十分便捷。老邢打算在承包的耕地上再盖一座房屋对外出租，赚取租金。那么，老邢能在自己承包的耕地上盖房吗？

以案普法

耕地是宝贵的自然资源，《土地管理法》第3条规定，十分珍惜、合理利用土地和切实保护耕地是我国的基本国策。各级人民政府应当采取措施，全面规划，严格管理，保护、开发土地资源，制止非法占用土地的行为。同时第

30 条第 1 款规定，国家保护耕地，严格控制耕地转为非耕地。因此，擅自占用耕地是法律所禁止的行为。

根据《土地管理法》第 44 条第 1 款的规定，建设占用土地，涉及农用地转为建设用地的，应当办理农用地转用审批手续。也就是说，老邢要想在耕地上建造房屋，必须向县级以上人民政府申请办理农用地转用审批手续。如果老邢未办理审批手续便擅自占用土地，则根据《土地管理法》第 75 条的规定，由县级以上人民政府自然资源主管部门、农业农村主管部门等按照职责责令限期改正，可以并处罚款；构成犯罪的，依法追究刑事责任。

法律依据

《中华人民共和国土地管理法》

第三条 十分珍惜、合理利用土地和切实保护耕地是我国的基本国策。各级人民政府应当采取措施，全面规划，严格管理，保护、开发土地资源，制止非法占用土地的行为。

第三十条 国家保护耕地，严格控制耕地转为非耕地。

……

第四十四条 建设占用土地，涉及农用地转为建设用地的，应当办理农用地转用审批手续。

……

第七十五条 违反本法规定，占用耕地建窑、建坟或者擅自在耕地上建房、挖砂、采石、采矿、取土等，破坏种植条件的，或者因开发土地造成土地荒漠化、盐渍化的，由县级以上人民政府自然资源主管部门、农业农村主管部门等按照职责责令限期改正或者治理，可以并处罚款；构成犯罪的，依法追究刑事责任。

6. 村民能否在草原上开垦耕地？

典型案例

一天，吉祥村村民范明星看到新闻报道，邻村种植的棉花颇受市场欢迎，一度供不应求，棉花的销售价格一升再升，邻村的村民很快富裕起来。范明星经实地考察，认为如果将自己的草原开垦为耕地，用于种植棉花，那么自己也能够很快获得不菲的收入。那么，范明星能否在草原上开垦耕地？

以案普法

草原是我国面积最大的生态安全屏障，具有调节温度、水分和气候等的功能。开垦草原能够满足人们对粮食的短期需求，却会影响人类生存的环境。

鉴于此，我国通过立法对草原与耕地进行了特殊的保护。根据《土地管理法》《草原法》《水土保持法》的规定，禁止毁坏森林、草原开垦耕地。根据土地利用总体规划，对破坏生态环境开垦、围垦的土地，有计划有步骤地退耕还林、还牧、还湖。据此，范明星不能在草原上开垦耕地。

如果因在草原上开垦耕地，造成土地荒漠化、盐渍化的，根据《土地管理法》第 75 条的规定，由县级以上人民政府自然资源主管部门、农业农村主管部门等按照职责责令限期改正或者治理，可以并处罚款；构成犯罪的，依法追究刑事责任。

法律依据

《中华人民共和国土地管理法》

第四十条 开垦未利用的土地，必须经过科学论证和评估，在土地利用总体规划划定的可开垦的区域内，经依法批准后进行。禁止毁坏森林、草原开垦耕地，禁止围湖造田和侵占江河滩地。

……

第七十五条 违反本法规定，占用耕地建窑、建坟或者擅自在耕地上建房、挖砂、采石、采矿、取土等，破坏种植条件的，或者因开发土地造成土地荒漠化、盐渍化的，由县级以上人民政府自然资源主管部门、农业农村主管部门等按照职责责令限期改正或者治理，可以并处罚款；构成犯罪的，依法追究刑事责任。

《中华人民共和国草原法》

第四十六条 禁止开垦草原。……

《中华人民共和国水土保持法》

第二十一条　禁止毁林、毁草开垦和采集发菜。禁止在水土流失重点预防区和重点治理区铲草皮、挖树兜或者滥挖虫草、甘草、麻黄等。

7. 单位能否开发国有荒山从事农业生产？

典型案例

张英杰是土生土长的青田镇青田村人，他硕士毕业工作了一段时间后辞职经商。后来，张英杰了解到油茶是我国特有的资源，除富含营养、绿色健康外，还具有良好的生态效益和社会效益。张英杰听说家乡青田镇有200余亩的国有荒山，非常适合种植油茶，遂创立英杰油茶发展有限公司，准备开发国有荒山种植油茶。那么，单位能否开发国有荒山从事农业生产？

以案普法

荒山通常是指尚未开垦或未开发过的山，又或指偏僻、人迹罕至的山。我国人口众多，土地资源有限，对于土地的利用实行土地用途管制制度。即使是荒山，法律也有明确的规定。

《土地管理法》第41条规定，开发未确定使用权的国有荒山、荒地、荒滩从事种植业、林业、畜牧业、渔业生产的，经县级以上人民政府依法批准，可以确定给开发单位或者个人长期使用。因此，张英杰经县级人民政府依法批准后，可以通过创建的公司开发青田镇200余亩的国有荒山种植油茶。

另外，《土地管理法》第39条第1款规定，国家鼓励单位和个人按照土地利用总体规划，在保护和改善生态环境、防止水土流失和土地荒漠化的前提下，开发未利用的土地；适宜开发为农用地的，应当优先开发成农用地。英杰油茶发展有限公司将荒山开发后种植油茶，能够带动当地经济发展，属于土地资源的合理利用。

法律依据

《中华人民共和国土地管理法》

第三十九条　国家鼓励单位和个人按照土地利用总体规划，在保护和改善生态环境、防止水土流失和土地荒漠化的前提下，开发未利用的土地；适宜开发为农用地的，应当优先开发成农用地。

国家依法保护开发者的合法权益。

第四十一条　开发未确定使用权的国有荒山、荒地、荒滩从事种植业、林业、畜牧业、渔业生产的，经县级以上人民政府依法批准，可以确定给开发单位或者个人长期使用。

8. 造成耕地破坏的，应如何处理？

典型案例

村民李三在承包的耕地上开设了砖窑厂，由于生产砖块需要大量的泥土，于是李三又承包了部分耕地进行取土烧砖。随着时间的推移，耕地被大量挖土后形成的大坑越来越多，受到严重破坏。那么，李三造成的耕地破坏，应如何处理？

以案普法

十分珍惜、合理利用土地和切实保护耕地是我国的基本国策。为遏制非法占用、破坏耕地的行为，国家相继制定出台了多个法律法规和政策文件。

《土地管理法》第 3 条规定，各级人民政府应当采取措施，全面规划，严格管理，保护、开发土地资源，制止非法占用土地的行为。李三在自己承包的耕地上开设砖窑厂、取土烧砖，对耕地造成了严重破坏。根据《土地管理法》第 75 条的规定，李三可能需要承担以下责任：一是行政责任，由县级以上人民政府自然资源主管部门、农业农村主管部门等按照职责责令限期改正或者治理，可以并处罚款；二是刑事责任，根据《刑法》第 342 条的规定，非法占用耕地、林地等农用地，改变被占用土地用途，数量较大，造成耕地、林地等农用地大量毁坏的，处5年以下有期徒刑或者拘役，并处或者单处罚金。

法律依据

《中华人民共和国土地管理法》

第三条 十分珍惜、合理利用土地和切实保护耕地是我国的基本国策。各级人民政府应当采取措施，全面规划，严格管理，保护、开发土地资源，制止非法占用土地的行为。

第七十五条 违反本法规定，占用耕地建窑、建坟或者擅自在耕地上建房、挖砂、采石、采矿、取土等，破坏种植条件的，或者因开发土地造成土地荒漠化、盐渍化的，由县级以上人民政府自然资源主管部门、农业农村主管部门等按照职责责令限期改正或者治理，可以并处罚款；构成犯罪的，依法追究刑事责任。

《中华人民共和国刑法》

第三百四十二条 违反土地管理法规，非法占用耕地、林地等农用地，改变被占用土地用途，数量较大，造成耕地、林地等农用地大量毁坏的，处五年以下有期徒刑或者拘役，并处或者单处罚金。

9. 耕地被闲置、荒芜怎么办？

典型案例

小明是幸福村的村民，大学毕业后在杭州创业并定居，再没有回农村老家居住。后来，小明的妻子二胎待产，小明的父母为了方便照顾，便搬到杭州与他们一起居住。小明父母去杭州后，在幸福村承包的6亩耕地没有人耕种，一直闲置，很快便长满了杂草。那么，耕地被闲置、荒芜怎么办?

以案普法

我国法律规定，禁止任何单位和个人闲置、荒芜耕地。造成耕地闲置、荒芜一般有两种情况：一是村民弃耕抛荒；二是原耕地已经办理了审批手续可用于非农业建设，但是迟迟未动工建设。对于第一种情形，根据《农村土地承包法》第 42 条第 2 项的规定，在耕地承包期内弃耕抛荒连续 2 年以上，村集体可以解除与村民的承包经营权流转合同，收回土地经营权。因此，如果小明父母连续弃耕超过 2 年以上的话，将面临丧失土地承包经营权的风险。对于第二种情形，根据《土地管理法》第 38 条第 1 款的规定，连续 2 年未使用的，经原批准机关批准，由县级以上人民政府无偿收回用地单位的土地使用权；该幅土地原为农民集体所有的，应当交由原农村集体经济组织恢复耕种。

法律依据

《中华人民共和国土地管理法》

第三十八条　禁止任何单位和个人闲置、荒芜耕地。

已经办理审批手续的非农业建设占用耕地，一年内不用而又可以耕种并收获的，应当由原耕种该幅耕地的集体或者个人恢复耕种，也可以由用地单位组织耕种；一年以上未动工建设的，应当按照省、自治区、直辖市的规定缴纳闲置费；连续二年未使用的，经原批准机关批准，由县级以上人民政府无偿收回用地单位的土地使用权；该幅土地原为农民集体所有的，应当交由原农村集体经济组织恢复耕种。

在城市规划区范围内，以出让方式取得土地使用权进行房地产开发的闲置土地，依照《中华人民共和国城市房地产管理法》的有关规定办理。

《中华人民共和国农村土地承包法》

第四十二条 承包方不得单方解除土地经营权流转合同，但受让方有下列情形之一的除外：

（一）擅自改变土地的农业用途；

（二）弃耕抛荒连续两年以上；

（三）给土地造成严重损害或者严重破坏土地生态环境；

（四）其他严重违约行为。

10. 村民到城镇落户，在农村承包的耕地如何处理？

典型案例

小杨原为白云村村民，除每年农忙时节外，常年在苏州做生意。后来，小杨在苏州全款购买了一套商品房。小杨觉得与父母相隔两地，不方便照顾，且父母年事已高，已经不适合种地，他们辛苦了一辈子，现在也该享享清福了。于是，小杨将父母接到苏州共同生活，同时为了方便，将父母的户口也迁到了苏州。那么，小杨家承包的耕地如何处理？

以案普法

近几年进城落户的村民越来越多。但村民进城具有很多不确定性：有人有稳定的工作和收入，不再依赖原有的宅基地与耕地；有人却没有固定工作和收入，保有原来的耕地就是最后的保障。为了解决村民进城落户的后顾之忧，《农村土地承包法》第 27 条第 2 款规定，国家保护进城农户的土地承包经营权。不得以退出土地承包经营权作为农户进城落户的条件。强调任何组织不得将进城落户农民承包的耕地强制收回。

那么，农村村民在城市落户后，承包的耕地该如何处理呢？根据《农村土地承包法》第 27 条第 3 款规定，承包期内，承包农户进城落户的，引导支持其按照自愿有偿原则依法在本集体经济组织内转让土地承包经营权或者将承包地交回发包方，也可以鼓励其流转土地经营权。因此，小杨父母可以根据自己的情况在本村村民之间有偿转让土地承包权、将土地交还给村集体或单独流转土地的经营权。

法律依据

《中华人民共和国农村土地承包法》

第二十七条 承包期内，发包方不得收回承包地。

国家保护进城农户的土地承包经营权。不得以退出土地承包经营权作为农户进城落户的条件。

承包期内，承包农户进城落户的，引导支持其按照自愿有偿原则依法在本集体经济组织内转让土地承包经营权或者将承包地交回发包方，也可以鼓励其流转土地经营权。

承包期内，承包方交回承包地或者发包方依法收回承包地时，承包方对其在承包地上投入而提高土地生产能力的，有权获得相应的补偿。

11. 非法占用耕地会受到什么处罚？

典型案例

赵家村为了发展当地旅游业，拟依托原有的园林风景，在耕地上挖湖造景、种植草皮、建设民宿。如果旅游业发展成功，将会增加该村村民的收入，带动当地经济发展。于是，赵家村村委会与美丽建设工程公司签订合同，由公司对村集体的30亩耕地实施挖湖造景、种植草皮、建设民宿的工程。那么，非法占用耕地会受到什么处罚？

以案普法

我国实行永久基本农田保护制度，对耕地进行严格的保护，要求各地政府珍惜、合理利用土地和切实保护耕地。

根据《土地管理法》第 44 条第 1 款的规定，建设占用土地，涉及农用地转为建设用地的，应当办理农用地转用审批手续。

根据《土地管理法》第 77 条及《土地管理法实施条例》第 57 条的规定，未经批准或者采取欺骗手段骗取批准，非法占用土地的：（1）由县级以上人民政府自然资源主管部门责令退还非法占用的土地；（2）限期拆除在非法占用的土地上新建的建筑物和其他设施；（3）处非法占用土地每平方米 100 元以上 1000 元以下的罚款；（4）单位非法占用耕地的，对单位的直接负责的主管人员和其他直接责任人员，依法给予处分；（5）非法占用耕地的行为构成犯罪的，依据《刑法》第 342 条，以非法占用农用地罪追究刑事责任。

因此，赵家村在未进行审批的情况下，占用耕地进行建设违反了法律规定，将根据情况受到上述处罚。

法律依据

《中华人民共和国土地管理法》

第四十四条　建设占用土地，涉及农用地转为建设用地的，应当办理农用地转用审批手续。

……

第七十七条 未经批准或者采取欺骗手段骗取批准，非法占用土地的，由县级以上人民政府自然资源主管部门责令退还非法占用的土地，对违反土地利用总体规划擅自将农用地改为建设用地的，限期拆除在非法占用的土地上新建的建筑物和其他设施，恢复土地原状，对符合土地利用总体规划的，没收在非法占用的土地上新建的建筑物和其他设施，可以并处罚款；对非法占用土地单位的直接负责的主管人员和其他直接责任人员，依法给予处分；构成犯罪的，依法追究刑事责任。

超过批准的数量占用土地，多占的土地以非法占用土地论处。

《中华人民共和国土地管理法实施条例》

第五十七条 依照《土地管理法》第七十七条的规定处以罚款的，罚款额为非法占用土地每平方米100元以上1000元以下。

违反本条例规定，在国土空间规划确定的禁止开垦的范围内从事土地开发活动的，由县级以上人民政府自然资源主管部门责令限期改正，并依照《土地管理法》第七十七条的规定处罚。

12. 拒不履行土地复垦义务的，会受到什么处罚？

典型案例

青田镇的莲花服装厂准备在张家村建设一个新的生产基地，委托鑫磊建筑公司承建该项目。在承建项目过程中，因施工需要，各种大型设备进进出出，对周围的土地反复碾压，造成村民的农作物毁损，土地也受到严重破坏。村民要求鑫磊建筑公司赔偿青苗费与土地损害费用，鑫磊建筑公司拒不赔偿。村民向土地管理部门举报，经土地管理部门查证后，确认鑫磊建筑公司的碾压行为已经造成土地破坏，要求其限期对压坏的土地复垦。如果鑫磊建筑公司拒不履行土地复垦义务，会受到什么处罚？

以案普法

土地复垦是对受到损毁的土地采取整治措施，使其恢复到可供利用的期望状态的过程。因地制宜复垦复绿，对优化城乡用地布局，切实提高土地利用效益，促进社会经济的可持续发展具有重要意义。因此，应积极推动土地复垦。

根据《土地管理法》第 43 条的规定，对于因挖损、塌陷、压占等造成土地破坏的，应当复垦。没有条件复垦或者复垦不符合要求的，应当缴纳土地复垦费，专项用于土地复垦。据此，鑫磊建筑公司应当履行复垦义务。如果鑫磊建筑公司拒不履行复垦义务，根据《土地管理法》第76条的规定，由县级以上人民政府自然资源主管部门责令其限期改正；逾期不改正的，责令其缴纳复垦费，专项用于土地复垦，并且可以处以罚款。

另外，根据《土地复垦条例》第19条的规定，鑫磊公司除负责复垦外，还应当向遭受损失的村民支付损失补偿费。

法律依据

《中华人民共和国土地管理法》

第四十三条 因挖损、塌陷、压占等造成土地破坏，用地单位和个人应当按照国家有关规定负责复垦；没有条件复垦或者复垦不符合要求的，应当缴纳土地复垦费，专项用于土地复垦。复垦的土地应当优先用于农业。

第七十六条 违反本法规定，拒不履行土地复垦义务的，由县级以上人民政府自然资源主管部门责令限期改正；逾期不改正的，责令缴纳复垦费，专项用于土地复垦，可以处以罚款。

《土地复垦条例》

第十九条 土地复垦义务人对在生产建设活动中损毁的由其他单位或者个人使用的国有土地或者农民集体所有的土地，除负责复垦外，还应当向遭受损失的单位或者个人支付损失补偿费。

……

第三章

土地承包经营

1. 农村的土地由谁对外发包?

典型案例

黑土村的村民李四承包了一片3.5亩的荒山，用来种植果树，每年都能取得不少收入。在李四承包的荒山旁边还有一块土地，张五心想如果自己在这里也种果树，肯定可以发家致富。于是，张五找到李四，问旁边的土地是不是李四承包的，是否能以每年800元的价格让给自己种植。李四明知不是自己的承包地，但贪图利益，便谎称是自己的承包地与张五签订了转包协议。请问，农村的土地，谁可以对外发包?

以案普法

农村和城市郊区的土地，除法律规定属于国家所有的以外，属于农民集体所有。根据《土地管理法》和《农村土地承包法》的规定，农村的土地包括宅基地、自留地、自留山、耕地、林地、草地、荒山、荒沟、荒丘、荒滩以及其他依法用于农业的土地。李四承包的荒山与旁边的土地均属于村集体所有。

那么，农村的土地由谁对外发包呢?根据《农村土地承包法》第13条第1款的规定，农民集体所有的土地依法属于村农民集体所有的，由村集体经济组织或者村民委员会发包。因此，黑土村的土地依法属于村集体所有，应当由村集体对外发包。如果张五想要承包村里的荒地种植果树，应当与黑土村的村委会签订承包合同。

法律依据

《中华人民共和国土地管理法》

第九条 城市市区的土地属于国家所有。

农村和城市郊区的土地，除由法律规定属于国家所有的以外，属于农民集体所有；宅基地和自留地、自留山，属于农民集体所有。

《中华人民共和国农村土地承包法》

第十三条 农民集体所有的土地依法属于村农民集体所有的，由村集体经济组织或者村民委员会发包；已经分别属于村内两个以上农村集体经济组织的农民集体所有的，由村内各该农村集体经济组织或者村民小组发包。村集体经济组织或者村民委员会发包的，不得改变村内各集体经济组织农民集体所有的土地的所有权。

国家所有依法由农民集体使用的农村土地，由使用该土地的农村集体经济组织、村民委员会或者村民小组发包。

2. 发包人有权要求承包人停止使用耕地吗？

典型案例

石头村的村民王二承包了5亩位于山脚下的耕地，但由于他长期在外打工，耕地无人种植，日渐荒废。于是王二便将耕地的经营权以每亩600元的价格转让给了张二，双方签订了《土地经营权转让合同》。张二受让土地经营权之后，并没有种植农作物，而是擅自改变土地农业用途，将耕地围了个围墙，在里面养牛。村委会发现后，多次联系王二要求其解除与张二的《土地经营权转让合同》，将土地恢复原状，但王二拒不理睬。那么，村委会有权要求张二停止使用王二的耕地吗？

以案普法

2016年，中共中央办公厅、国务院办公厅印发《关于完善农村土地所有权承包权经营权分置办法的意见》，将农村土地产权中的土地承包经营权进一步划分为承包权和经营权，实行所有权、承包权、经营权分置并行。也就是说，村集体将土地发包给本村村民承包后，村民可以自主决定依法采取出租（转包）、入股或者其他方式向他人流转土地经营权，由他人在合同约定的期限内占有该土地，自主开展农业生产经营。

那么村集体在土地发包过程中享有什么权利呢？根据《农村土地承包法》第 14 条的规定，发包方享有发包本集体所有的或者国家所有依法由本集体使用的农村土地；监督承包方依照承包合同约定的用途合理利用和保护土地；制止承包方损害承包地和农业资源的行为等权利。第 64 条规定，土地经营权人擅自改变土地的农业用途，承包方在合理期限内不解除土地经营权流转合同的，发包方有权要求终止土地经营权流转合同。因此，石头村村委会有权要求终止王二和张二的《土地经营权转让合同》，禁止张二继续使用土地。

法律依据

《中华人民共和国农村土地承包法》

第十四条　发包方享有下列权利：

（一）发包本集体所有的或者国家所有依法由本集体使用的农村土地；

（二）监督承包方依照承包合同约定的用途合理利用和保护土地；

（三）制止承包方损害承包地和农业资源的行为；

（四）法律、行政法规规定的其他权利。

第十五条　发包方承担下列义务：

（一）维护承包方的土地承包经营权，不得非法变更、解除承包合同；

（二）尊重承包方的生产经营自主权，不得干涉承包方依法进行正常的生产经营活动；

（三）依照承包合同约定为承包方提供生产、技术、信息等服务；

（四）执行县、乡（镇）土地利用总体规划，组织本集体经济组织内的农业基础设施建设；

（五）法律、行政法规规定的其他义务。

第六十四条　土地经营权人擅自改变土地的农业用途、弃耕抛荒连续两年以上、给土地造成严重损害或者严重破坏土地生态环境，承包方在合理期限内不解除土地经营权流转合同的，发包方有权要求终止土地经营权流转合同。土地经营权人对土地和土地生态环境造成的损害应当予以赔偿。

3. 发包方能否将农村土地发包给本集体经济组织以外的单位或者个人?

典型案例

山岗村位于我国西南地区，耕地少、山地多，但日照充足，土壤肥沃，种植的果树结出的果子相比其他地方含糖量更高。经常到当地收购苹果的老孟发现了商机，就打算在山岗村承包一片荒山，种植苹果。于是老孟到村委会商谈，村委会认为有人到村里投资，不仅能雇用村里剩余劳动力，还可以为村庄创收，便决定将村子里空余的20亩荒山发包给老孟。但是村里有人向村委会表示，不同意外地人承包土地。请问，村委会能把荒山发包给老孟吗？

以案普法

我国农村土地承包采取农村集体经济组织内部的家庭承包方式，不宜采取家庭承包方式的荒山、荒沟、荒丘、荒滩等农村土地，可以采取招标、拍卖、公开协商等方式承包。

根据《农村土地承包法》第52条第1款的规定，发包方将农村土地发包给本集体经济组织以外的单位或者个人承包，应当事先经本集体经济组织成员的村民会议三分之二以上成员或者三分之二以上村民代表的同意，并报乡（镇）人民政府批准。因此，山岗村的村委会在经过本村三分之二以上村民或村民代表同意，并且报乡政府批准后，就可以将村里的荒山发包给外地的老孟。

法律依据

《中华人民共和国农村土地承包法》

第五条 农村集体经济组织成员有权依法承包由本集体经济组织发包的农村土地。

任何组织和个人不得剥夺和非法限制农村集体经济组织成员承包土地的权利。

第五十二条　发包方将农村土地发包给本集体经济组织以外的单位或者个人承包，应当事先经本集体经济组织成员的村民会议三分之二以上成员或者三分之二以上村民代表的同意，并报乡（镇）人民政府批准。

由本集体经济组织以外的单位或者个人承包的，应当对承包方的资信情况和经营能力进行审查后，再签订承包合同。

4. 农村土地的承包人可以领取被征土地的补偿款吗？

典型案例

张三是蒙牛村的村民，承包了村集体的3亩耕地。随着县城区域不断向外扩展，蒙牛村距离县城越来越近。后来，县政府发布了征收公告，称为了加宽县道，需要占用蒙牛村部分耕地，其中就包含张三家承包的1.2亩耕地。根据征收补偿方案，每亩地的补偿标准为8000元。请问，张三可以领取补偿款吗？

以案普法

农村村民依法对其承包经营的耕地、林地、草地等享有占有、使用和收益的权利。政府为了公共利益的需要，征收集体所有的土地和组织、个人的房屋以及其他不动产，应当依法及时足额支付土地补偿费、安置补助费以及农村村民住宅、其他地上附着物和青苗等的补偿费用，保障被征地农民的生活，维护其合法权益。因此，张三有权领取相应的补偿款。

那么，除此以外，村民对自己承包的土地还享有哪些权利？根据《农村土地承包法》第17条的规定，村民依法还享有承包地使用、收益的权利，有权自主组织生产经营和处置产品；有权与村集体成员互换、转让土地承包经营权；有权流转土地经营权等。

法律依据

《中华人民共和国农村土地承包法》

第十七条 承包方享有下列权利：

（一）依法享有承包地使用、收益的权利，有权自主组织生产经营和处置产品；

（二）依法互换、转让土地承包经营权；

（三）依法流转土地经营权；

（四）承包地被依法征收、征用、占用的，有权依法获得相应的补偿；

（五）法律、行政法规规定的其他权利。

第十八条 承包方承担下列义务：

（一）维持土地的农业用途，未经依法批准不得用于非农建设；

（二）依法保护和合理利用土地，不得给土地造成永久性损害；

（三）法律、行政法规规定的其他义务。

5. 村民可以通过投标的方式承包本村的土地吗？

典型案例

老孙是黑土村的村民，承包了村里的5亩土地。黑土村在山脚下有几十亩荒地，本村的人都不愿意承包。黑土村村委会就决定对外招标。邻村的小李看到招标信息，认为可以用这几十亩荒地种植果树，便参与竞标。老孙听说后，认为种植果树的确是个挣钱的好办法，于是也参与竞标。那么，老孙可以通过投标的方式承包本村的土地吗？

以案普法

我国农村集体经济组织实行的是家庭承包经营为基础、统分结合的双层经营体制。“双层经营”就包含了两个经营层次：一是家庭分散经营层次；二是集体统一经营层次。这种制度符合我国的实际国情，使农户获得了充分的经营自主权，调动了亿万农民的生产积极性，极大地解放和发展了农村生产力。老孙家承包的5亩耕地就属于家庭分散经营，而村里的几十亩荒地没人承包，就还是由村集体统一经营。那么，这两种承包经营方式如何适用呢？

《农村土地承包法》第 3 条第 2 款规定，农村土地承包采取农村集体经济组织内部的家庭承包方式，不宜采取家庭承包方式的荒山、荒沟、荒丘、荒滩等农村土地，可以采取招标、拍卖、公开协商等方式承包。

第 51 条规定，以其他方式承包农村土地，在同等条件下，本集体经济组织成员有权优先承包。因此，老孙可以通过投标的方式承包村里的荒地，并且在同等条件下，享有优先权。

法律依据

《中华人民共和国农村土地承包法》

第三条 国家实行农村土地承包经营制度。

农村土地承包采取农村集体经济组织内部的家庭承包方式，不宜采取家庭承包方式的荒山、荒沟、荒丘、荒滩等农村土地，可以采取招标、拍卖、公开协商等方式承包。

第五十一条 以其他方式承包农村土地，在同等条件下，本集体经济组织成员有权优先承包。

6. 村民承包土地，村委会需要履行什么程序？

典型案例

钱三是桃花村的村民，之前承包了村里的 2 亩耕地，随着家庭人口的增多，现有的耕地已经不够用。于是，钱三就向村里申请再承包一部分耕地。村委会接到钱三的申请后，经过研究，认为村子东头靠近山脚下有一片5亩的耕地，没有对外发包，可以发包给钱三。那么，村委会在作出发包决定前需要履行什么程序？

以案普法

村委会是村民自我管理、自我教育、自我服务的基层群众性自治组织，其成员由村民直接选举产生，权利直接来源于村民的授权。

发包土地涉及全体村民的利益，根据《农村土地承包法》第20条的规定，应当按照下列程序进行：（1）本集体经济组织成员的村民会议选举产生承包工作小组；（2）承包工作小组依照法律、法规的规定拟订并公布承包方案；（3）依法召开本集体经济组织成员的村民会议，讨论通过承包方案；（4）公开组织实施承包方案；（5）签订承包合同。因此，桃花村的村委会若要把土地发包给钱三，因涉及其他村民的利益，应制定土地承包经营方案并经过村民会议讨论通过后方能实施。

法律依据

《中华人民共和国村民委员会组织法》

第二条　村民委员会是村民自我管理、自我教育、自我服务的基层群众性自治组织，实行民主选举、民主决策、民主管理、民主监督。

村民委员会办理本村的公共事务和公益事业，调解民间纠纷，协助维护社会治安，向人民政府反映村民的意见、要求和提出建议。

村民委员会向村民会议、村民代表会议负责并报告工作。

第二十四条 涉及村民利益的下列事项，经村民会议讨论决定方可办理：

……

（四）土地承包经营方案；

……

《中华人民共和国农村土地承包法》

第二十条 土地承包应当按照以下程序进行：

（一）本集体经济组织成员的村民会议选举产生承包工作小组；

（二）承包工作小组依照法律、法规的规定拟订并公布承包方案；

（三）依法召开本集体经济组织成员的村民会议，讨论通过承包方案；

（四）公开组织实施承包方案；

（五）签订承包合同。

7. 农村土地承包的期限是多长？

典型案例

2007 年，仁爱村的村民老郑与村集体签订了《土地承包合同》，约定承包仁爱村耕地 20 亩，每亩每年的租金为 500 元，租金每五年递增 5%，承包期 40 年。10 年后，老郑又与三河公司签订了土地经营权流转合同，约定将上述 20 亩土地经营权转包给三河公司，每亩每年 800 元，期限为剩下的 30 年。请问，他们签订的合同期限符合法律规定吗？

以案普法

农村集体经济组织成员有权依法承包由本集体经济组织发包的农村土地。任何组织和个人不得剥夺和非法限制农村集体经济组织成员承包土地的权利。农村村民也可以自主决定采取出租（转包）、入股或者其他方式向他人流转土地经营权。土地经营权人有权在合同约定的期限内占有农村土地，自主开展农业生产经营并取得收益。因此，老郑有权将自己承包土地的经营权流转给三河公司，由三河公司进行农业生产经营。

但是，根据《农村土地承包法》第 21 条第 1 款的规定，耕地的承包期为 30 年。老郑与仁爱村签订 40 年的耕地承包期限违反了法律规定，超过 30 年的部分应视为无效。而根据《农村土地承包法》第 38 条第 3 项的规定，流转合同的期限不得超过承包期的剩余期限。因此，三河公司与老郑签订的土地经营权流转合同也不得超过 30 年，鉴于老郑的承包期已过 10 年，因此，最多可约定转包期限为 20 年，超过部分视为无效。

法律依据

《中华人民共和国农村土地承包法》

第二十一条 耕地的承包期为三十年。草地的承包期为三十年至五十年。林地的承包期为三十年至七十年。

前款规定的耕地承包期届满后再延长三十年，草地、林地承包期届满后依照前款规定相应延长。

第三十八条 土地经营权流转应当遵循以下原则：

（一）依法、自愿、有偿，任何组织和个人不得强迫或者阻碍土地经营权流转；

（二）不得改变土地所有权的性质和土地的农业用途，不得破坏农业综合生产能力和农业生态环境；

（三）流转期限不得超过承包期的剩余期限；

（四）受让方须有农业经营能力或者资质；

（五）在同等条件下，本集体经济组织成员享有优先权。

8. 调整承包地需要经过什么流程?

典型案例

雷神村的村民小李，承包了村里的5亩耕地。6月，连着下了3天的大雨，暴发了山洪，将小李的5亩耕地冲毁。小李只好向村里申请新的耕地。村委会查看了耕地承包记录，村里已经没有可以发包的耕地了，但是发现老刘20年前承包了20亩耕地，现在他的子女都已经在城镇定居，老刘自己无力种植这么多耕地。于是，村委会就打算把老刘其中的5亩耕地调整给小李承包。请问，村委会调整承包地需要经过什么程序?

以案普法

根据《农村土地承包法》第28条第2款规定，承包期内，因自然灾害严重毁损承包地等特殊情形对个别农户之间承包的耕地和草地需要适当调整的，必须经本集体经济组织成员的村民会议三分之二以上成员或者三分之二以上村民代表的同意，并报乡（镇）人民政府和县级人民政府农业农村、林业和草原等主管部门批准。这样规定是为了体现多数农民的意愿，防止随意调整承包地。

但调整土地时，并不当然地对个别农户之间承包的耕地和草地进行调整，如果集体经济组织依法预留了机动地，或者有通过依法开垦等方式增加的土地，以及承包方依法、自愿交回的土地，则应当先用这些土地解决无地农民的承包需求，只有在没有上述土地的情况下，才可以对个别农户之间承包的耕地进行适当调整。

因此，在经过批准后，雷神村的村委会可以对老刘和小李的土地进行调整。

法律依据

《中华人民共和国农村土地承包法》

第二十八条 承包期内，发包方不得调整承包地。

承包期内，因自然灾害严重毁损承包地等特殊情形对个别农户之间承包的耕地和草地需要适当调整的，必须经本集体经济组织成员的村民会议三分之二以上成员或者三分之二以上村民代表的同意，并报乡（镇）人民政府和县级人民政府农业农村、林业和草原等主管部门批准。承包合同中约定不得调整的，按照其约定。

第二十九条 下列土地应当用于调整承包土地或者承包给新增人口：

（一）集体经济组织依法预留的机动地；

（二）通过依法开垦等方式增加的；

（三）发包方依法收回和承包方依法、自愿交回的。

9. 承包的土地能否继承？

典型案例

吉祥村的村民张三，妻子早逝，承包了村里的10亩耕地，将独生子张小五抚养长大。后来，张三因身患疾病，不幸去世，留下了农村的房屋和承包的耕地。已在城市落户的张小五回到村里料理父亲的后事，并要求继承父亲生前承包的10亩耕地。那么，张小五能否继承父亲承包的土地呢？

以案普法

我国农村土地承包经营权分为家庭承包和以其他方式承包两种类型。根据《农村土地承包法》第16条的规定，家庭承包的承包方是本集体经济组织的农户。尽管在承包经营合同上签字的是农户中的某一家庭成员，但是签字人只是作为农户的代表在承包经营合同上签字，承包人仍然是以户为单位。农户承包土地后，在承包期限届满前，家庭有新生成员的不增加土地，有成员去世或离开的不减少土地。因此，以家庭方式承包土地的经营权不能继承。

张三去世后，因其儿子张小五已经在城市落户，作为农村家庭承包的户已经不存在。根据《农村土地承包法》第32条的规定，承包人应得的承包收益，依照继承法的规定继承。因此，张小五不能继承父亲承包的耕地，但可以继承该承包土地获得的收益。

法律依据

《中华人民共和国农村土地承包法》

第十六条 家庭承包的承包方是本集体经济组织的农户。

农户内家庭成员依法平等享有承包土地的各项权益。

第三十二条 承包人应得的承包收益，依照继承法的规定继承。

林地承包的承包人死亡，其继承人可以在承包期内继续承包。

10. 农村承包地能否进行买卖？

典型案例

山菊村的村民王五，承包了村集体的3亩耕地。由于王五夫妇常年在上海打工，家里的耕地疏于打理，马上就要荒废。恰好王五承包的耕地位于城市郊区，在城市生活的李二就想将王五的土地买下，种植花卉。王五想反正常年不种地，卖了也好，还能多一笔收入，于是就和李二签订了《农村土地买卖合同》。村委会得知后，找到李二，要求其返还土地。请问，王五能把耕地卖给李二吗？

以案普法

农村和城市郊区的土地，除由法律规定属于国家所有的以外，属于农民集体所有。所以，村民个人不享有农村土地的所有权。因此，王五不能把耕地卖给李二。根据《农村土地承包法》第 9 条的规定，承包方承包土地后，享有土地承包经营权，可以自己经营，也可以保留土地承包权，流转其承包地的土地经营权，由他人经营。因此，农村村民对承包的土地享有承包权和经营权，若李二想要合法地承包农村的土地，根据《农村土地承包法》第 36 条及第 42 条的规定，可以通过租赁、入股的方式获取王五土地的经营权，但是需要向村集体备案，并且李二不得擅自改变土地的用途。

如果王五和李二私下里非法买卖土地，根据《土地管理法》第 74 条的规定，由县级以上人民政府自然资源主管部门没收违法所得；如果擅自将农用地改为建设用地的，可要求其限期拆除新建的建筑物和其他设施，恢复土地原状，可以并处罚款；如果构成犯罪的，依法追究刑事责任。

法律依据

《中华人民共和国农村土地承包法》

第九条 承包方承包土地后，享有土地承包经营权，可以自己经营，也可以保留土地承包权，流转其承包地的土地经营权，由他人经营。

《中华人民共和国土地管理法》

第七十四条 买卖或者以其他形式非法转让土地的，由县级以上人民政府自然资源主管部门没收违法所得；对违反土地利用总体规划擅自将农用地改为建设用地的，限期拆除在非法转让的土地上新建的建筑物和其他设施，恢复土地原状，对符合土地利用总体规划的，没收在非法转让的土地上新建的建筑物和其他设施；可以并处罚款；对直接负责的主管人员和其他直接责任人员，依法给予处分；构成犯罪的，依法追究刑事责任。

11. 承包的土地能否抵押贷款？

典型案例

赵三是新安村的村民，在县城租房开了一个饭店，因为手艺好，开始生意还不错。但后来，因其经营不善，逐渐无力支付房租、水电费和人员工资。赵三正在苦恼的时候，听到银行工作人员说农村的土地也可以抵押贷款。赵三想到自己在村里还承包了6亩耕地，如果可以获得贷款，就能缓解自己的经济压力了。请问，农村的土地真的可以抵押贷款吗？

以案普法

农村土地抵押贷款业务能够实行的前提是农村土地所有权、承包权、经营权“三权分置”改革推进，以及形成了包括确权颁证、交易流转、抵押物价值评估和处置等在内的完整闭环。

2018 年，国家为进一步深化农村金融改革创新，加大对“三农”的金融支持力度，引导农村土地经营权有序流转，有效盘活农村资源、资金、资产，增加农业生产中长期和规模化经营的资金投入，对《农村土地承包法》进行了修正。其中在第 47 条第 1 款规定承包方可以用承包地的土地经营权向金融机构融资担保，并向发包方备案。受让方通过流转取得的土地经营权，经承包方书面同意并向发包方备案，也可以向金融机构融资担保。因此，赵三可以用自己的土地承包经营权办理抵押贷款，但是必须向村集体进行备案。

法律依据

《中华人民共和国农村土地承包法》

第四十七条　承包方可以用承包地的土地经营权向金融机构融资担保，并向发包方备案。受让方通过流转取得的土地经营权，经承包方书面同意并向发包方备案，可以向金融机构融资担保。

担保物权自融资担保合同生效时设立。当事人可以向登记机构申请登记；未经登记，不得对抗善意第三人。

实现担保物权时，担保物权人有权就土地经营权优先受偿。

土地经营权融资担保办法由国务院有关部门规定。

12. 土地承包经营权能否互换？

典型案例

王羊是白羊村的村民，承包了村集体的6亩耕地，其中有一块2亩的耕地与野牛村李牛家的3亩耕地相邻。而李牛家还有一块2亩的耕地正好离王羊家另外4亩耕地更近。王羊为了方便种植，就与李牛协商，想将两家的耕地互换一下，这样大家都比较方便，而李牛正好也有此想法。请问，王羊和李牛可以互换土地吗？

以案普法

我国鼓励农村集体土地进行流转，使得土地资源优化配置。土地承包经营权互换是土地承包经营权法定的流转形式之一，是土地承包方之间为了方便耕种或者其他需要，将土地调换使用的一种行为，表面上是耕种土地的互换，实际上是承包方之间的土地承包经营权进行了互换。

根据《农村土地承包法》第33条、第34条的规定，承包方之间为方便耕种或者各自需要，可以对属于同一集体经济组织的土地的土地承包经营权进行互换，并向发包方备案。经发包方同意，承包方可以将全部或者部分的土地承包经营权转让给本集体经济组织的其他农户。据此可知，互换、转让的土地必须同属于一个集体经济组织，如果土地分属两个不同的集体经济组织，那么双方的互换、转让行为应属无效。

王羊和李牛的承包地分别属于不同的集体经济组织，双方不能进行互换。

法律依据

《中华人民共和国农村土地承包法》

第三十三条　承包方之间为方便耕种或者各自需要，可以对属于同一集体经济组织的土地的土地承包经营权进行互换，并向发包方备案。

第三十四条　经发包方同意，承包方可以将全部或者部分的土地承包经营权转让给本集体经济组织的其他农户，由该农户同发包方确立新的承包关系，原承包方与发包方在该土地上的承包关系即行终止。

13. 村民承包土地后能否让他人经营？

典型案例

美丽村的村民李梅丽承包了村集体的10亩耕地。因为李梅丽常年生病，身体越来越虚弱，无法继续耕种。于是，李梅丽将其中的6亩出租给了同村的村民周四。双方签订了《土地租赁协议》，约定租赁时间为5年，每亩每年300元。请问，李梅丽有权把承包地租给他人经营吗？

以案普法

党的十七届三中全会提出建立健全土地承包经营权流转市场。健全严格规范的农村土地管理制度。按照依法自愿有偿原则，允许农民以转包、出租、互换、转让、股份合作等形式流转土地承包经营权，发展多种形式的适度规模经营。该土地流转制度的建立有利于促进土地资源合理利用，构建新型农业经营体系，明晰土地产权关系，更好地维护农民集体、承包农户、经营主体的权益。

《农村土地承包法》第36条规定，承包方可以自主决定依法采取出租（转包）、入股或者其他方式向他人流转土地经营权，并向发包方备案。而出租，就是指承包方将部分或者全部土地经营权，租赁给他人从事农业生产经营。因此，李梅丽与周四签订的《土地租赁协议》，就是将自己承包的部分耕地出租给周四使用，实际上就是土地经营权流转，符合法律的规定。但协议签订后，李梅丽还应当向村集体备案。

法律依据

《中华人民共和国农村土地承包法》

第三十六条　承包方可以自主决定依法采取出租（转包）、入股或者其他方式向他人流转土地经营权，并向发包方备案。

14. 土地经营权流转需要遵循什么原则？

典型案例

刘一是白云村的村民，承包了村集体位于郊区的 5 亩耕地，交通相对便利。县城的果汁企业看中了该土地的位置，想要租用该土地建设厂房，于是就与刘一协商一致，以每亩每年 2000 元的价格，签订了 10 年的《土地租赁合同》。那么，刘一可以将土地流转给企业建设厂房吗？在土地流转过程中又应该遵循哪些原则呢？

以案普法

农村土地经营权流转是指在承包方与发包方承包关系保持不变的前提下，承包方依法在一定期限内将土地经营权部分或者全部交由他人自主开展农业生产经营的行为。

根据《农村土地承包法》第 38 条的规定，在进行土地流转的过程中，承包方与发包方应当遵循以下几项原则：

（1）土地经营权流转应当坚持农村土地农民集体所有、农户家庭承包经营的基本制度。

（2）任何组织和个人不得强迫或者阻碍承包方流转土地经营权，应该遵循依法、自愿、有偿原则。

（3）土地流转不得改变土地所有权的性质和土地的农业用途，不得破坏农业综合生产能力和农业生态环境。

（4）流转期限不得超过承包期的剩余期限。

（5）流转的受让方须有农业经营能力或者资质，在同等条件下，本集体经济组织成员享有优先权。

因此，刘一将自己的耕地出租给果汁企业建设厂房，改变了土地的农业用途，违反了《农村土地承包法》的规定。

法律依据

《中华人民共和国农村土地承包法》

第三十八条 土地经营权流转应当遵循以下原则：

（一）依法、自愿、有偿，任何组织和个人不得强迫或者阻碍土地经营权流转；

（二）不得改变土地所有权的性质和土地的农业用途，

不得破坏农业综合生产能力和农业生态环境；

（三）流转期限不得超过承包期的剩余期限；

（四）受让方须有农业经营能力或者资质；

（五）在同等条件下，本集体经济组织成员享有优先权。

15. 村民流转土地经营权是否需要经过审批?

典型案例

石榴村的村民李二承包了村集体的 10 亩土地。因为其常年在外打工，土地疏于管理，就想找个既不让村集体收回承包地，又能使土地免于荒废的方法。有一天，在和朋友一起吃饭时谈起此事，其中一个朋友说国家现在把土地承包经营权划分为承包权和经营权，可以单独把经营权流转出去，自己还享有承包权。李二觉得这是个好办法，就和邻村的朋友王大签订了《土地租赁合同》。那么，李二流转承包土地的经营权需要村委会审批吗？

以案普法

《农村土地承包法》第 36 条规定，承包方可以自主决定依法采取出租（转包）、入股或者其他方式向他人流转土地经营权，并向发包方备案。《农村土地经营权流转管理办法》第 6 条规定，承包方在承包期限内有权依法自主决定土地经营权是否流转，以及流转对象、方式、期限等。由此可见，村民流转土地经营权相对比较灵活，无须经过审批，仅需向村集体备案即可。

因此，李二将自己承包的土地经营权流转给邻村的王大不需要经过村委会的审批同意，但应当向村集体登记备案。

法律依据

《中华人民共和国农村土地承包法》

第三十六条 承包方可以自主决定依法采取出租（转包）、入股或者其他方式向他人流转土地经营权，并向发包方备案。

《农村土地经营权流转管理办法》

第六条 承包方在承包期限内有权依法自主决定土地经营权是否流转，以及流转对象、方式、期限等。

16. 受让土地经营权的一方能否再次转让土地经营权？

典型案例

山岗村的村民郑四与本村的王五签订了《土地租赁合同》，约定郑四承租王五 5 亩耕地，每亩每年租金 300 元。不久，富农公司到村里承包土地，其他农户已将自己的土地经营权以出租方式流转给了富农公司，而郑四承租的王五的土地尚未流转，导致富农公司无法成片经营。于是，富农公司负责人找到郑四商谈土地流转事宜。请问，郑四能否再次转让土地经营权？

以案普法

依法进行土地流转，可以缓解人地矛盾，使土地得到充分利用，对稳定土地承包关系、发展农业经济也具有良好的作用。

《农村土地承包法》第36条规定，承包方可以自主决定依法采取出租（转包）、入股或者其他方式向他人流转土地经营权，并向发包方备案。第46条规定，经承包方书面同意，并向本集体经济组织备案，受让方可以再流转土地经营权。因此，郑四在经过承包人王五的书面同意后，可以再次流转受让的土地经营权，并向山岗村村集体登记备案。

法律依据

《中华人民共和国农村土地承包法》

第三十六条　承包方可以自主决定依法采取出租（转包）、入股或者其他方式向他人流转土地经营权，并向发包方备案。

第四十六条　经承包方书面同意，并向本集体经济组织备案，受让方可以再流转土地经营权。

17. 什么情况下，承包方可以单方解除土地经营权流转合同？

典型案例

石头村的村民王小承包了村集体的10亩耕地。因王小长期在西安打工，无法对承包的耕地进行管理与耕种，所以与同村的孙二签订了《土地租赁协议》，约定孙二承租王小的10亩耕地，期限10年，每亩每年300元，但协议未约定解除条件。协议签订后，孙二直接将耕地平整，用于存放矿场的矿石。王小回村看到后，与孙二联系，要求解除《土地租赁协议》。孙二认为协议并未到期，不同意解除。那么，王小可以单方解除该协议吗？

以案普法

随着城镇化和农业规模化经营的发展，农村“有地无人来种”和“规模经营找不到地”的情况时有发生。王小就是因为长期在外打工，导致土地无人耕种，才将土地经营权流转给孙二，目的是加强土地的流通，防止土地荒废。

《土地管理法》第4条第4款规定，使用土地的单位和个人必须严格按照土地利用总体规划确定的用途使用土地。受让土地经营权的一方也必须遵守该规定，严格按照土地性质使用土地，不得改变土地用途。如果擅自改变土地用途，根据《农村土地承包法》第 42 条第 1 项的规定，承包人可以单方解除土地经营权流转合同。因此，孙二擅自改变土地用途，王小可以直接解除与孙二的《土地租赁协议》。

除了擅自改变土地用途之外，如果受让人弃耕抛荒连续 2 年以上、给土地造成严重损害或者严重破坏土地生态环境的，承包人也可以单方解除土地流转合同。如果承包人未行使其解除权，根据《农村土地承包法》第 64 条的规定，村集体有权要求终止合同。

法律依据

《中华人民共和国土地管理法》

第四条　……

使用土地的单位和个人必须严格按照土地利用总体规划确定的用途使用土地。

《中华人民共和国农村土地承包法》

第四十二条　承包方不得单方解除土地经营权流转合同，但受让方有下列情形之一的除外：

（一）擅自改变土地的农业用途；

（二）弃耕抛荒连续两年以上；

（三）给土地造成严重损害或者严重破坏土地生态环境；

（四）其他严重违约行为。

第六十四条 土地经营权人擅自改变土地的农业用途、弃耕抛荒连续两年以上、给土地造成严重损害或者严重破坏土地生态环境，承包方在合理期限内不解除土地经营权流转合同的，发包方有权要求终止土地经营权流转合同。土地经营权人对土地和土地生态环境造成的损害应当予以赔偿。

18. 非法改变承包地的用途，会受到什么处罚？

典型案例

石头村村民贾三承包的耕地位于山脚下，路途远，浇水灌溉也不方便，每次种植、收获农作物都十分辛苦。石头村还有一个开采矿石的村办企业，每年在山上开采矿石。贾三认为自己的耕地在山脚下，肯定也有矿石，于是就找来挖掘机等设备进行开采。村委会发现时，耕地已经全部被毁坏。请问，贾三私自改变土地用途，会受到什么处罚？

以案普法

国家规定使用土地的单位和个人必须严格按照土地利用总体规划确定的用途使用土地。根据《土地管理法》第66条第1款第2项的规定，如果不按照批准的用途使用土地，农村集体经济组织报经原批准用地的人民政府批准，可以收回土地使用权。因此，石头村村委会可以收回贾三承包的耕地。

另外，贾三擅自改变土地用途开采矿石，严重毁损耕地，破坏了种植条件。根据《土地管理法》第75条的规定，占用耕地建窑、建坟或者擅自在耕地上建房、挖砂、采石、采矿、取土等，破坏种植条件的，或者因开发土地造成土地荒漠化、盐渍化的，由县级以上人民政府自然资源主管部门、农业农村主管部门等按照职责责令限期改正或者治理，可以并处罚款；构成犯罪的，依法追究刑事责任。因此，贾三不仅要对毁损土地进行治理，还可能被罚款，严重的话还需承担刑事责任。

法律依据

《中华人民共和国土地管理法》

第六十六条　有下列情形之一的，农村集体经济组织报经原批准用地的人民政府批准，可以收回土地使用权：

（一）为乡（镇）村公共设施和公益事业建设，需要使用土地的；

（二）不按照批准的用途使用土地的；

（三）因撤销、迁移等原因而停止使用土地的。

依照前款第（一）项规定收回农民集体所有的土地的，对土地使用权人应当给予适当补偿。

收回集体经营性建设用地使用权，依照双方签订的书面合同办理，法律、行政法规另有规定的除外。

第七十五条 违反本法规定，占用耕地建窑、建坟或者擅自在耕地上建房、挖砂、采石、采矿、取土等，破坏种植条件的，或者因开发土地造成土地荒漠化、盐渍化的，由县级以上人民政府自然资源主管部门、农业农村主管部门等按照职责责令限期改正或者治理，可以并处罚款；构成犯罪的，依法追究刑事责任。

19. 土地承包经营发生纠纷的，该如何处理？

典型案例

幸福村的村民老张有张大和张小两个儿子。老张在幸福村承包了4亩耕地，但登记在张大名下。后来老张因为身体不好，无力耕种土地，就将4亩耕地分给两个儿子耕种，每人2亩。两年后，老张因病去世。幸福村村委会准备换发新的土地承包经营权证书，张大认为土地还应当全部登记在自己名下，张小不同意，双方发生纠纷，请问该如何处理？

以案普法

根据《农村土地承包法》相关规定，家庭承包方式的土地承包经营权，其本质特征是以本集体经济组织内部的农户家庭为单位实行农村土地承包经营。只要农户家庭存在，农户内部的人员流动及变动不影响土地承包经营权的内容和范围。如承包土地的农户中的一人死亡，承包地仍由该农户的其他家庭成员继续承包经营。老张承包的 4 亩土地虽然登记在张大名下，但实际是由老张家作为农户家庭承包经营。所以，张大和张小只要还在一个户口簿上，就不存在继承和分割土地的问题。

根据《农村土地承包法》第 55 条的规定，因土地承包经营发生纠纷的，双方当事人可以通过协商解决，也可以请求村民委员会、乡（镇）人民政府等调解解决。当事人不愿协商、调解或者协商、调解不成的，可以向农村土地承包仲裁机构申请仲裁，也可以直接向人民法院起诉。因此，张大与张小的土地承包经营纠纷，双方可以先行协商，或者请求幸福村村委会或乡（镇）人民政府进行调解。如果调解不成，可以向人民法院起诉或者向仲裁机构申请仲裁。

法律依据

《中华人民共和国农村土地承包法》

第五十五条　因土地承包经营发生纠纷的，双方当事人可以通过协商解决，也可以请求村民委员会、乡（镇）人民政府等调解解决。

当事人不愿协商、调解或者协商、调解不成的，可以向农村土地承包仲裁机构申请仲裁，也可以直接向人民法院起诉。

第四章

集体经营性建设用地

1. 什么是集体经营性建设用地?

典型案例

天山镇李家村有一座大兴山，风景优美，近年来吸引了不少外地的游客前来观光游览。但由于旅游设施不齐备，发展迟滞。四方旅游公司是天山镇知名的旅游公司，看中大兴山的旅游发展潜力，遂与李家村的村民合作，共同成立了方圆民宿公司。四方旅游公司与李家村村委会共同在村公告栏发布公告，召集村民入股，拟办理集体经营性建设用地使用权证后建设民宿及配套设施。李玄想入股，但听说建民宿属于违法建设，也有人说办理集体经营性建设用地使用权证后建民宿就合法了。那么，什么是集体经营性建设用地呢？

以案普法

“乡村振兴战略”只有落实到位，才是农村经济发展的助力。乡村旅游已经成为新农村建设的重要发展模式，而乡村旅游业的发展就难以避免将农村集体土地开发用于经营性建设。2013 年 11 月，《中共中央关于全面深化改革若干重大问题的决定》提出建立城乡统一的建设用地市场，在符合规划和用途管制前提下，允许农村集体经营性建设用地出让、租赁、入股，实行与国有土地同等入市、同权同价。

《土地管理法》第63条设立了集体经营性建设用地制度。集体经营性建设用地是指具有生产经营性质的农村建设用地，包括农村集体经济组织使用乡（镇）土地利用总体规划确定的建设用地兴办企业或与其他单位、个人以土地使用权入股、联营等形式共同举办企业、商业所使用的农村集体建设用地，如过去的乡镇企业用地和招商引资用地。本案中，四方旅游公司与村集体及村民共同作为股东注册成立的方圆民宿公司，属于营利性质的企业，建立民宿及与之配套的设施所占用的土地需要依法办理集体经营性建设用地使用权证。据此，建设民宿，经营旅游，具有可操作性，属于合法经营，李玄可以入股。

法律依据

《中华人民共和国土地管理法》

第六十三条 土地利用总体规划、城乡规划确定为工业、商业等经营性用途，并经依法登记的集体经营性建设用地，土地所有权人可以通过出让、出租等方式交由单位或者个人使用，并应当签订书面合同，载明土地界址、面积、动工期限、使用期限、土地用途、规划条件和双方其他权利义务。

……

《中华人民共和国土地管理法实施条例》

第三十七条 国土空间规划应当统筹并合理安排集体

经营性建设用地布局和用途，依法控制集体经营性建设用地规模，促进集体经营性建设用地的节约集约利用。

鼓励乡村重点产业和项目使用集体经营性建设用地。

2. 农村集体经济组织能否将集体经营性建设用地使用权出让给企业?

典型案例

天山镇依山傍水风景优美，当地生产的农作物颇受市场欢迎。但因交通、地理位置的限制，鲜有企业入驻，所以天山镇的发展一直很缓慢。天山镇政府及所在地市的人民政府经过多方论证编制了土地利用总体规划、城乡规划等，确定天山镇的玉龙村、青城村、山凤村的部分宗地为集体经营性建设用地并办理了权属证书。此后，天山镇大力开展招商引资工作，吸引企业入驻。阳春面业公司因发展需要，想要取得天山镇玉龙村的集体经营性建设用地使用权。那么，玉龙村能否将集体经营性建设用地出让给阳春面业公司?

以案普法

2019 年修正的《土地管理法》删除了原第 43 条关于任何单位和个人进行建设，需要使用土地的，必须依法申请使用国有土地的规定，增加了集体经营性建设用地入市的条款，为盘活农村的建设用地，促进乡村振兴与城乡融合发展提供了较大助力。

根据《土地管理法》第11条、第63条的规定，农民集体所有的土地依法属于村农民集体所有的，由村集体经济组织或者村民委员会经营、管理。经土地利用总体规划、城乡规划确定为工业、商业等经营性用途，并经依法登记的集体经营性建设用地，土地所有权人可以通过出让的方式交由单位或者个人使用。

据此，天山镇玉龙村集体为集体经营性建设用地的所有权人，经过土地出让的法定程序后，可以依法与阳春面业公司签订集体经营性建设用地使用权转让合同，并明确约定土地界址、面积、动工期限、使用期限、土地用途、规划条件和双方其他的权利义务。

法律依据

《中华人民共和国土地管理法》

第十一条 农民集体所有的土地依法属于村农民集体所有的，由村集体经济组织或者村民委员会经营、管理；已经分别属于村内两个以上农村集体经济组织的农民集体所有的，由村内各该农村集体经济组织或者村民小组经营、管理；已经属于乡（镇）农民集体所有的，由乡（镇）农村集体经济组织经营、管理。

第二十三条 各级人民政府应当加强土地利用计划管

理，实行建设用地总量控制。

土地利用年度计划，根据国民经济和社会发展计划、国家产业政策、土地利用总体规划以及建设用地和土地利用的实际状况编制。土地利用年度计划应当对本法第六十三条规定的集体经营性建设用地作出合理安排。土地利用年度计划的编制审批程序与土地利用总体规划的编制审批程序相同，一经审批下达，必须严格执行。

第六十三条　土地利用总体规划、城乡规划确定为工业、商业等经营性用途，并经依法登记的集体经营性建设用地，土地所有权人可以通过出让、出租等方式交由单位或者个人使用，并应当签订书面合同，载明土地界址、面积、动工期限、使用期限、土地用途、规划条件和双方其他权利义务。

……

3. 农村集体经济组织能否将集体经营性建设用地出租给商业企业建设厂房?

典型案例

西凉河市的栖霞镇地广人稀，近年来抓住机遇大力发展林果业，产出的橙子、蜜橘、葡萄、火龙果等物美价廉，已经成了当地的金字招牌。为促进城乡融合发展，提高经济的竞争力，栖霞镇拟重点发展农产品冷链、初加工、仓储等项目。文武村地处栖霞镇交通要道，根据村里的发展需要及规划许可，办理了集体经营性建设用地使用权证，按照规划用途可以建设若干厂房及住房，发展物流产业。山河公司是一家农产品精细分类加工的知名企业，想租用文武村物流园区的土地建设厂房，作为农产品存储与运输集散地，以拓宽经营市场。山河公司找到文武村村委会表达了租赁建设厂房的想法。那么，文武村能否将物流园区的集体经营性建设用地出租给商业企业建设厂房？

以案普法

我国实行土地用途管制制度，允许集体经营性建设用地入市交易，为促进乡村振兴与城乡融合发展提供有力的保障。

《土地管理法》第 63 条第 1 款、第 64 条规定，土地利用总体规划、城乡规划确定为工业、商业等经营性用途，并经依法登记的集体经营性建设用地，土地所有权人可以通过出让、出租等方式交由单位或者个人使用，并应当签订书面合同，载明土地界址、面积、动工期限、使用期限、土地用途、规划条件和双方其他权利义务。但集体建设用地的使用者应当严格按照土地利用总体规划、城乡规划确定的用途使用土地。因此，集体经营性建设用地可以分为工业和商业用地，必须按照土地的用途使用土地。文武村应当确定集体经营性建设用地的用途，如果为工业用途，则可以依法出租给山河公司用于建设厂房。

法律依据

《中华人民共和国土地管理法》

第六十三条 土地利用总体规划、城乡规划确定为工业、商业等经营性用途，并经依法登记的集体经营性建设用地，土地所有权人可以通过出让、出租等方式交由单位或者个人使用，并应当签订书面合同，载明土地界址、面积、动工期限、使用期限、土地用途、规划条件和双方其他权利义务。

……

第六十四条 集体建设用地的使用者应当严格按照土地利用总体规划、城乡规划确定的用途使用土地。

4. 集体经营性建设用地出让、出租需要经过什么程序?

典型案例

近年来，随着农村新产业、新业态的蓬勃发展，各地都在千方百计地发展农村经济。光明市人民政府为了抓住发展的机遇，批准了星星村的 3 宗农村集体经营性建设用地。星星村准备将该地出让给优良企业发展当地经济。经过多方协商，现有5家企业愿意在星星村发展。那么，出让、出租集体经营性建设用地需要经过什么程序？

以案普法

根据《土地管理法》第63条的规定，经土地利用总体规划、城乡规划确定为工业、商业等经营性用途，并经依法登记的集体经营性建设用地，土地所有权人可以通过出让、出租等方式交由单位或者个人使用。依据《土地管理法实施条例》第38条至第42条的规定，对经依法登记的集体经营性建设用地出让、出租需要经过以下程序：

（1）落实规划条件及产业、环保要求。拟出让、出租集体经营性建设用地的，土地所有权人向市、县人民政府自然资源主管部门申请，由自然资源主管部门依据国土空间规划提出拟出让、出租的集体经营性建设用地的规划条件，明确土地界址、面积、用途和开发建设强度等，并会同有关部门提出产业准入和生态环境保护要求。

（2）编制土地入市方案。土地所有权人应当依据规划条件、产业准入和生态环境保护要求等，编制集体经营性建设用地出让、出租等方案。

（3）集体会议表决。土地所有权人编制集体经营性建设用地出让、出租等方案后，应当经本集体经济组织成员的村民会议三分之二以上成员或者三分之二以上村民代表同意。

（4）政府审查入市方案。出让、出租等方案在集体经营性建设用地出让、出租前，报市、县人民政府审查。

（5）组织土地供应程序。出让、出租等方案通过后，应当依据集体经营性建设用地出让、出租等方案，以招标、拍卖、挂牌或者协议等方式确定土地使用者。

（6）签订入市合同。通过土地供应程序，确定土地使用者后，土地所有权人与土地使用者签订书面合同，并报市、县人民政府自然资源主管部门备案。

（7）土地使用权登记。集体经营性建设用地使用权以及依法利用集体经营性建设用地建造的建筑物、构筑物及其附属设施的所有权，依法申请办理不动产登记。

因此，星星村如果要将集体经营性建设用地通过出让、出租的方式交由5家企业使用，应当严格按照上述程序进行办理。

法律依据

《中华人民共和国土地管理法》

第六十三条　土地利用总体规划、城乡规划确定为工业、商业等经营性用途，并经依法登记的集体经营性建设用地，土地所有权人可以通过出让、出租等方式交由单位或者个人使用，并应当签订书面合同，载明土地界址、面积、动工期限、使用期限、土地用途、规划条件和双方其他权利义务。

前款规定的集体经营性建设用地出让、出租等，应当经本集体经济组织成员的村民会议三分之二以上成员或者三分之二以上村民代表的同意。

……

5. 集体经营性建设用地使用权在什么情况下会被收回？

典型案例

尚武村是临安市第一个成功办理集体经营性建设用地使用权的村集体。典雅服装厂与尚武村签订了集体经营性建设用地租赁合同，建设了两栋厂房和一栋办公楼。几年来典雅服装厂经营效益节节攀升，成为乡镇企业中的纳税大户，并且为附近的村民提供了近300个灵活就业的岗位，切实带动当地经济发展。后来，临安市因发展需要拟在尚武村建设高铁站和修建轨道，需要收回典雅服装厂所使用的土地。那么，在什么情况下可以收回集体经营性建设用地使用权？

以案普法

农村集体的土地分为农用地、建设用地和未利用地。乡镇企业、公共设施、公益事业等建设，经批准可以使用集体建设用地。

根据《土地管理法》第66条第1款的规定，有下列情形之一的，农村集体经济组织报经原批准用地的人民政府批准，可以收回土地使用权：（1）为乡（镇）村公共设施和公益事业建设，需要使用土地的；（2）不按照批准的用途使用土地的；（3）因撤销、迁移等原因而停止使用土地的。

临安市拟在尚武村建设高铁站和修建轨道，属于建设公共设施和公益事业的需要，尚武村在经过原批准用地的人民政府的批准后，可以收回集体经营性建设用地使用权。根据《土地管理法》第66条第2款及第3款的规定，尚武村应当依据法律和合同约定对典雅服装厂进行适当补偿。

法律依据

《中华人民共和国土地管理法》

第六十六条　有下列情形之一的，农村集体经济组织报经原批准用地的人民政府批准，可以收回土地使用权：

（一）为乡（镇）村公共设施和公益事业建设，需要使用土地的；

（二）不按照批准的用途使用土地的；

（三）因撤销、迁移等原因而停止使用土地的。

依照前款第（一）项规定收回农民集体所有的土地

的，对土地使用权人应当给予适当补偿。

收回集体经营性建设用地使用权，依照双方签订的书面合同办理，法律、行政法规另有规定的除外。

6. 什么情况下可以临时使用集体经营性建设用地？

典型案例

吉春市计划修通直达某省省会城市的道路，万通路桥工程有限公司中标承建了该工程。为修路需要，万通路桥工程有限公司经测算选址，拟在荷花村的集体经营性建设用地上建设临时拌合站。那么，万通路桥工程有限公司可以临时使用集体经营性建设用地吗？

以案普法

根据《土地管理法》第57条的规定，建设项目施工和地质勘查经县级以上人民政府自然资源主管部门批准可以临时使用农民集体所有的土地。《自然资源部关于规范临时用地管理的通知》对临时用地的种类进行了界定。

一是工程建设施工临时用地。主要包括：建设项目施工过程中建设的直接服务于施工人员的临时办公用房、生活用房、工棚等使用的土地；直接服务于工程施工的自用辅助工程，包括农用地表土剥离堆放场、材料堆场、制梁场、拌合站、钢筋加工厂、施工及运输便道、地下管线施工、地上线路架设等使用的土地。

二是地质勘查过程中的临时用地，包括厂址、坝址、铁路、公路选址等需要对工程地质、水文地质情况进行勘测，探矿、采矿需要对矿藏情况进行勘查勘探所需临时使用的土地等。

另外，《土地管理法实施条例》第21条规定，抢险救灾、疫情防控等急需使用土地的，可以先行使用土地。其中，属于临时用地的，用后应当恢复原状并交还原土地使用者使用，不再办理用地审批手续。

万通路桥工程有限公司因修建公路，需临时使用荷花村的集体经营性建设用地建设拌合站，要经过县级以上人民政府自然资源主管部门的批准，并且与荷花村村委会签订临时使用土地合同，按照约定用途使用临时用地。在使用后应当恢复原状，尽快交还给荷花村。

法律依据

《中华人民共和国土地管理法》

第五十七条　建设项目施工和地质勘查需要临时使用国有土地或者农民集体所有的土地的，由县级以上人民政府自然资源主管部门批准。其中，在城市规划区内的临时用地，在报批前，应当先经有关城市规划行政主管部门同意。土地使用者应当根据土地权属，与有关自然资源主管部门或者农村集体经济组织、村民委员会签订临时使用土地合同，并按照合同的约定支付临时使用土地补偿费。

……

《中华人民共和国土地管理法实施条例》

第二十一条 抢险救灾、疫情防控等急需使用土地的，可以先行使用土地。其中，属于临时用地的，用后应当恢复原状并交还原土地使用者使用，不再办理用地审批手续；属于永久性建设用地的，建设单位应当在不晚于应急处置工作结束六个月内申请补办建设用地审批手续。

7. 临时使用土地最长期限是多少年?

典型案例

平江市永安镇多山脉，山水村位于永安镇雅山脚下。平江市福鑫勘探有限公司承接了勘探雅山稀有金属的项目。经协商，山水村同意在村集体经营性建设用地的范围内划出10亩地给平江市福鑫勘探有限公司建设临时办公和生活用房。平江市福鑫勘探有限公司欲与山水村村委会签订最长期限的租赁合同。那么，临时使用土地最长期限是多少年?

以案普法

建设项目施工、地质勘查使用临时用地时应坚持“用多少、批多少，占多少、恢复多少”，尽量不占或者少占耕地。在临时用地合同中约定临时用地的用途、使用期限、使用后的恢复措施、土地补偿等双方的权利义务，必须符合法律规定，并严格执行。根据《土地管理法》第57条第3款规定，临时用地的期限一般不超过2年。因此，平江市福鑫勘探有限公司可与山水村签订不超过2年的临时用地租赁合同。

之所以规定临时用地的期限一般不超过2年，主要为防止临时用地期限过长，变相地将临时用地转变为建设用地，修建永久性建筑物。事实上，一些工程施工2年内无法完成，可能需要更长时间。因此，《土地管理法》对临时用地的期限规定使用了“一般不超过”的表述。而《土地管理法实施条例》第20条第2款规定，对建设周期较长的能源、交通、水利等基础设施建设使用的临时用地，期限不超过4年。因此，临时使用土地的最长期限为4年。

法律依据

《中华人民共和国土地管理法》

第五十七条　……

临时使用土地期限一般不超过二年。

《中华人民共和国土地管理法实施条例》

第二十条　……

临时用地由县级以上人民政府自然资源主管部门批准，期限一般不超过二年；建设周期较长的能源、交通、水利等基础设施建设使用的临时用地，期限不超过四年；法律、行政法规另有规定的除外。

土地使用者应当自临时用地期满之日起一年内完成土地复垦，使其达到可供利用状态，其中占用耕地的应当恢复种植条件。

8. 临时使用集体经营性建设用地期满拒不归还，会受到什么处罚？

典型案例

为加快乡镇建设，强化服务功能，鑫鑫建筑公司承建了平原乡的建设管网供水工程、村通村公路硬化工程、建材农贸市场建设工程、街道景观改造工程。鉴于工程量大、所需建筑材料多，鑫鑫建筑公司就临时使用20亩集体经营性建设用地与平原乡平原村村委会签订了2年的临时用地租赁合同。租赁合同到期后，平原村村委会要求鑫鑫建筑公司按照合同约定返还集体经营性建设用地，并恢复原状。但该公司以工程尚未完工还需继续使用为由拒不返还。那么，临时使用集体经营性建设用地期满拒不归还，会受到什么处罚？

以案普法

临时用地的使用者应按照临时使用合同约定的用途使

用土地，并不得建设永久性建筑物。根据《土地管理法实施条例》第 20 条第 3 款的规定，临时用地期满后，应当自临时用地期满之日起 1 年内完成土地复垦，使其达到可供利用状态，占用耕地的应当恢复种植条件。如果鑫鑫建筑公司不履行返还集体经营性建设用地的义务，根据《土地管理法》第 76 条规定，由县级以上人民政府自然资源主管部门责令限期改正；逾期不改正的，责令缴纳复垦费，专项用于土地复垦，可以处以罚款。

另外，《土地管理法实施条例》第 52 条规定，在临时使用的土地上修建永久性建筑物的，由县级以上人民政府自然资源主管部门责令限期拆除，按占用面积处土地复垦费 5 倍以上 10 倍以下的罚款；逾期不拆除的，由作出行政决定的机关依法申请人民法院强制执行。

法律依据

《中华人民共和国土地管理法》

第七十六条 违反本法规定，拒不履行土地复垦义务的，由县级以上人民政府自然资源主管部门责令限期改正；逾期不改正的，责令缴纳复垦费，专项用于土地复垦，可以处以罚款。

《中华人民共和国土地管理法实施条例》

第二十条 ……

临时用地由县级以上人民政府自然资源主管部门批

准，期限一般不超过二年；建设周期较长的能源、交通、水利等基础设施建设使用的临时用地，期限不超过四年；法律、行政法规另有规定的除外。

土地使用者应当自临时用地期满之日起一年内完成土地复垦，使其达到可供利用状态，其中占用耕地的应当恢复种植条件。

第五十二条 违反《土地管理法》第五十七条的规定，在临时使用的土地上修建永久性建筑物的，由县级以上人民政府自然资源主管部门责令限期拆除，按占用面积处土地复垦费5倍以上10倍以下的罚款；逾期不拆除的，由作出行政决定的机关依法申请人民法院强制执行。

9. 农村集体经营性建设用地使用权能否抵押贷款？

典型案例

星云村有3块集体经营性建设用地，闲置未用。后来，经光明市人民政府批准，受星云村村民委员会的委托，光明市自然资源和规划局公开出让星云村的3宗农村集体经营性建设用地使用权。县城的粮油公司通过投标取得了其中的一宗土地，并与星云村村民委员会签订了出让合同。粮油公司按照土地用途建设厂房、购买相关设备需要投入3000万元，现公司资金不充足。那么，粮油公司取得的农村集体经营性建设用地使用权能否抵押贷款？

以案普法

《民法典》第418条规定，以集体所有土地的使用权依法抵押的，实现抵押权后，未经法定程序，不得改变土地所有权的性质和土地用途。《土地管理法》第63条第3款也明确规定，通过出让等方式取得的集体经营性建设用地使用权可以转让、互换、出资、赠与或者抵押，但法律、行政法规另有规定或者土地所有权人、土地使用权人签订的书面合同另有约定的除外。上述规定明确农村集体经营性建设用地使用权可以办理抵押贷款，破解了农村土地融资难的问题，丰富了农村的融资渠道。

如果粮油公司与星云村村民委员会签订的出让合同未约定不得抵押的条款，那么，粮油公司就可以用取得的农村集体经营性建设用地使用权抵押贷款。

法律依据

《中华人民共和国民法典》

第四百一十八条 以集体所有土地的使用权依法抵押的，实现抵押权后，未经法定程序，不得改变土地所有权的性质和土地用途。

《中华人民共和国土地管理法》

第六十三条 土地利用总体规划、城乡规划确定为工业、商业等经营性用途，并经依法登记的集体经营性建设用地，土地所有权人可以通过出让、出租等方式交由单位或者个人使用，并应当签订书面合同，载明土地界址、面积、动工期限、使用期限、土地用途、规划条件和双方其他权利义务。

……

通过出让等方式取得的集体经营性建设用地使用权可以转让、互换、出资、赠与或者抵押，但法律、行政法规另有规定或者土地所有权人、土地使用权人签订的书面合同另有约定的除外。

……

10. 农村集体经营性建设用地使用权抵押贷款需要经过什么程序？

典型案例

小米村是国家级的贫困村，村里的道路还是土路，一到下雨天就泥泞不堪，村民出行困难。小米村为了解决这个问题，准备将村里的土路修建成水泥路，方便村民出行，还看着美观。为筹集修路资金，小米村将村里的集体经营性建设用地使用权转让给当地的一家商业公司，双方签订了《集体经营性建设用地使用权转让合同》。该商业公司想对外抵押使用该块土地，请问需要经过什么程序？

以案普法

根据《土地管理法》第63条第3款的规定，除法律、行政法规另有规定或书面合同另有约定外，通过出让等方式取得的集体经营性建设用地使用权可以转让、互换、出资、赠与或者抵押。《土地管理法实施条例》第43条第1款规定，通过出让等方式取得的集体经营性建设用地使用权依法转让、互换、出资、赠与或者抵押的，双方应当签订书面合同，并书面通知土地所有权人。

由此可知，在小米村与商业公司签订的《集体经营性建设用地使用权转让合同》没有约定禁止抵押的情况下，商业公司对外抵押该集体经营性建设用地使用权，应当与金融机构签订书面的抵押合同，并书面通知小米村村委会。同时，根据《民法典》402条的规定，以建设用地使用权抵押的，应当办理抵押登记，抵押权自登记时设立。因此，商业公司还应当办理集体经营性建设用地使用权抵押登记。

法律依据

《中华人民共和国民法典》

第四百零二条 以本法第三百九十五条第一款第一项至第三项规定的财产或者第五项规定的正在建造的建筑物抵押的，应当办理抵押登记。抵押权自登记时设立。

《中华人民共和国土地管理法》

第六十三条 土地利用总体规划、城乡规划确定为工业、商业等经营性用途，并经依法登记的集体经营性建设用地，土地所有权人可以通过出让、出租等方式交由单位或者个人使用，并应当签订书面合同，载明土地界址、面积、动工期限、使用期限、土地用途、规划条件和双方其他权利义务。

前款规定的集体经营性建设用地出让、出租等，应当经本集体经济组织成员的村民会议三分之二以上成员或者三分之二以上村民代表的同意。

通过出让等方式取得的集体经营性建设用地使用权可以转让、互换、出资、赠与或者抵押，但法律、行政法规另有规定或者土地所有权人、土地使用权人签订的书面合同另有约定的除外。

集体经营性建设用地的出租，集体建设用地使用权的出让及其最高年限、转让、互换、出资、赠与、抵押等，参照同类用途的国有建设用地执行。具体办法由国务院制定。

《中华人民共和国土地管理法实施条例》

第四十三条 通过出让等方式取得的集体经营性建设用地使用权依法转让、互换、出资、赠与或者抵押的，双方应当签订书面合同，并书面通知土地所有权人。

集体经营性建设用地的出租，集体建设用地使用权的出让及其最高年限、转让、互换、出资、赠与、抵押等，参照同类用途的国有建设用地执行，法律、行政法规另有规定的除外。

11. 什么情况下，集体经营性建设用地使用权不得抵押？

典型案例

2020 年，回春油茶公司通过投标取得了京州市自然资源和规划局公开出让的许湾村村委会所有的一宗农村集体经营性建设用地使用权，并与许湾村村民委员会签订了出让合同。回春油茶公司由于资金不足，长时间拖欠建筑公司的工程款、材料供应商的货款。为解决困难，回春油茶公司拟用农村集体经营性建设用地使用权向京州农商银行抵押贷款。京州农商银行发现回春油茶公司与许湾村村民委员会签订的出让合同中约定不得将该宗农村集体经营性建设用地使用权进行抵押。那么，回春油茶公司还能顺利办理抵押吗？

以案普法

国家出台了很多政策，确保金融机构要围绕巩固拓展脱贫攻坚成果，对国家乡村振兴重点帮扶县重点领域加大金融资源投入。集体经营性建设用地可以入市流通，就是其中的措施之一。《土地管理法》第63条第3款确立了集体经营性建设用地使用权抵押制度，通过出让方式取得的集体经营性建设用地使用权可以抵押，但法律、行政法规另有规定或者土地所有权人、土地使用权人签订的书面合同另有约定的除外。本案中，回春油茶公司与许湾村村民委员会已在出让合同中约定该宗农村集体经营性建设用地使用权不得抵押。因此，回春油茶公司不能通过该集体经营性建设用地使用权获得抵押贷款。

法律依据

《中华人民共和国土地管理法》

第六十三条 ……

通过出让等方式取得的集体经营性建设用地使用权可以转让、互换、出资、赠与或者抵押，但法律、行政法规另有规定或者土地所有权人、土地使用权人签订的书面合同另有约定的除外。

集体经营性建设用地的出租，集体建设用地使用权的出让及其最高年限、转让、互换、出资、赠与、抵押等，参照同类用途的国有建设用地执行。具体办法由国务院制定。

第五章

农村土地征收补偿

1. 什么情形下可以征收农民集体所有的土地?

典型案例

近年来，随着社会的发展，英雄村的希望小学已不能满足周边地区适龄儿童就近入学的需要。经过当地教育局、财政局、自然资源和规划局等相关部门研究，为了完善该地基础教育资源布局，缓解区域内教育资源紧缺的问题，拟在英雄村建设新希望中学、小学，规划用地面积78971平方米，其中有70%需要占用英雄村集体所有的土地。那么，新希望中学、小学的建设可以占用集体土地吗？什么情形下可以征收农民集体所有的土地？

以案普法

随着社会的发展，建设与国民经济相匹配的教育、文化、交通等基础设施都是必要的。我国实行土地用途管制制度，改变土地用途需要依法办理审批手续。根据《宪法》第10条、《土地管理法》第2条的规定，国家为了公共利益的需要，可以依照法律法规对土地实行征收或者征用并给予补偿。

《土地管理法》第45条第1款规定了符合公共利益需要的5种具体情形：（1）军事和外交需要用地的；（2）由政府组织实施的能源、交通、水利、通信、邮政等基础设施建设需要用地的；（3）由政府组织实施的科技、教育、文化、卫生、体育、生态环境和资源保护、防灾减灾、文物保护、社区综合服务、社会福利、市政公用、优抚安置、英烈保护等公共事业需要用地的；（4）由政府组织实施的扶贫搬迁、保障性安居工程建设需要用地的；（5）在土地利用总体规划确定的城镇建设用地范围内，经省级以上人民政府批准由县级以上地方人民政府组织实施的成片开发建设需要用地的。因此，建设新希望中学、小学，需要占用英雄村集体所有的土地，符合由政府组织实施的教育公共事业的需要，可以进行征收。

法律依据

《中华人民共和国宪法》

第十条 城市的土地属于国家所有。

农村和城市郊区的土地，除由法律规定属于国家所有的以外，属于集体所有；宅基地和自留地、自留山，也属于集体所有。

国家为了公共利益的需要，可以依照法律规定对土地实行征收或者征用并给予补偿。

……

《中华人民共和国土地管理法》

第二条 ……

国家为了公共利益的需要，可以依法对土地实行征收或者征用并给予补偿。

……

第四十五条　为了公共利益的需要，有下列情形之一，确需征收农民集体所有的土地的，可以依法实施征收：

……

（三）由政府组织实施的科技、教育、文化、卫生、体育、生态环境和资源保护、防灾减灾、文物保护、社区综合服务、社会福利、市政公用、优抚安置、英烈保护等公共事业需要用地的；

……

（六）法律规定为公共利益需要可以征收农民集体所有的土地的其他情形。

前款规定的建设活动，应当符合国民经济和社会发展规划、土地利用总体规划、城乡规划和专项规划；……

2. 征收土地需要哪个部门批准？

典型案例

黄营村近年来地震频发，且雷雨时节易发泥石流，村民的房屋年久失修，继续居住有可能发生人员伤亡与财产损失的事故。当地政府计划征收距离该村 20 公里外的 20 亩耕地（非永久基本农田）建设保障性住房，一来可以安置黄营村的村民，二来可以为乡镇周边的孤寡老人与残障人士提供福利性住房。那么，征收土地需要哪个部门批准？

以案普法

征收集体土地必须由符合法律规定的部门依法予以批准。征收集体土地根据土地的性质可以分为三类：一是征收永久基本农田；二是征收永久基本农田之外的耕地；三是征收耕地之外的其他土地。

《土地管理法》第46条第1款、第2款规定，征收永久基本农田、永久基本农田以外的耕地超过35公顷的、其他土地超过70公顷的由国务院批准，征收前述之外的土地的由省、自治区、直辖市人民政府批准。同时，如果征收的土地涉及农用地的，应当先行办理农用地转批手续。

第46条第3款规定，经国务院批准农用地转用的，同时办理征地审批手续，不再另行办理征地审批；经省、自治区、直辖市人民政府在征地批准权限内批准农用地转用的，同时办理征地审批手续，不再另行办理征地审批。

因此，涉及农用地转用批准权和征收土地批准权同属省级人民政府的，由省级人民政府同时办理。对超过批准权限的，省级人民政府只享有农用地转用批准权，但是没有征地审批权，应当报送国务院审批征地手续。本案中需要征收的黄营村耕地属于非永久基本农田，面积只有20亩，所以由所在的省级人民政府办理农用地转用和征收手续即可。

法律依据

《中华人民共和国土地管理法》

第四十四条 建设占用土地，涉及农用地转为建设用地的，应当办理农用地转用审批手续。

永久基本农田转为建设用地的，由国务院批准。

在土地利用总体规划确定的城市和村庄、集镇建设用地规模范围内，为实施该规划而将永久基本农田以外的农用地转为建设用地的，按土地利用年度计划分批次按照国务院规定由原批准土地利用总体规划的机关或者其授权的机关批准。在已批准的农用地转用范围内，具体建设项目用地可以由市、县人民政府批准。

在土地利用总体规划确定的城市和村庄、集镇建设用地规模范围外，将永久基本农田以外的农用地转为建设用地的，由国务院或者国务院授权的省、自治区、直辖市人民政府批准。

第四十六条 征收下列土地的，由国务院批准：

（一）永久基本农田；

（二）永久基本农田以外的耕地超过三十五公顷的；

（三）其他土地超过七十公顷的。

征收前款规定以外的土地的，由省、自治区、直辖市人民政府批准。

征收农用地的，应当依照本法第四十四条的规定先行办理农用地转用审批。其中，经国务院批准农用地转用的，同时办理征地审批手续，不再另行办理征地审批；经省、自治区、直辖市人民政府在征地批准权限内批准农用地转用的，同时办理征地审批手续，不再另行办理征地审批，超过征地批准权限的，应当依照本条第一款的规定另行办理征地审批。

3. 征收集体土地需要经过哪些程序？

典型案例

近年来，光明市发展迅速，原有的规划区域已经难以满足该市的发展。最近，光明市政府筹备召开征收本市刘老庄部分土地的专题会议，要求各部门相关人员参会讨论征收相关工作，并整理征收必经程序与相关工作报告，为征收做准备。那么，征收集体土地需要经过哪些程序？

以案普法

《土地管理法》第 47 条以及《土地管理法实施条例》第 26 条至第 29 条对集体土地征收程序作了规定，明确县级以上地方各级人民政府申请征收土地的，应当按照以下程序进行：

（1）发布征收土地预公告。预公告应当包括征收范围、征收目的等内容，并应当在拟征收土地所在的乡

（镇）和村内发布。

（2）土地现状调查。通过土地现状的调查，为土地征收作准备。

（3）社会稳定风险评估。确定征收土地的风险点，并拟定风险防范和处置预案，其评估结果为申请征收土地的重要依据。

（4）拟定征地补偿安置方案。县级以上人民政府应当依据社会稳定风险评估结果，结合土地现状调查情况，组织相关部门拟定征地补偿方案。

（5）发布土地征收公告。在征地补偿方案拟定后，在拟征收土地所在的乡（镇）和村内公告。征收补偿方案的公告时间不少于 30 日。

（6）召开土地补偿方案听证会。如果多数被征地的村集体经济组织成员认为拟定的征地补偿方案不符合法律、法规规定的，县级以上人民政府应当组织召开听证会，并根据具体情况依法依规确定是否修改征地补偿安置方案。

（7）补偿登记。拟征收土地的所有权人、使用权人应当在征收公告规定的期限内，持不动产权属证明材料办理补偿登记。

（8）签订补偿、安置协议，并落实相关补偿费用。

也就是说，只有完成上述准备工作后，县级以上人民政府才可依据《土地管理法实施条例》的规定，提出征地申请，并在征地申请被批准后，依法组织实施集体土地征收。

法律依据

《中华人民共和国土地管理法》

第四十七条 国家征收土地的，依照法定程序批准后，由县级以上地方人民政府予以公告并组织实施。

县级以上地方人民政府拟申请征收土地的，应当开展拟征收土地现状调查和社会稳定风险评估，并将征收范围、土地现状、征收目的、补偿标准、安置方式和社会保障等在拟征收土地所在的乡（镇）和村、村民小组范围内公告至少三十日，听取被征地的农村集体经济组织及其成员、村民委员会和其他利害关系人的意见。

多数被征地的农村集体经济组织成员认为征地补偿安置方案不符合法律、法规规定的，县级以上地方人民政府应当组织召开听证会，并根据法律、法规的规定和听证会情况修改方案。

拟征收土地的所有权人、使用权人应当在公告规定期限内，持不动产权属证明材料办理补偿登记。县级以上地方人民政府应当组织有关部门测算并落实有关费用，保证足额到位，与拟征收土地的所有权人、使用权人就补偿、安置等签订协议；个别确实难以达成协议的，应当在申请征收土地时如实说明。

相关前期工作完成后，县级以上地方人民政府方可申请征收土地。

《中华人民共和国土地管理法实施条例》

第二十六条　需要征收土地，县级以上地方人民政府认为符合《土地管理法》第四十五条规定的，应当发布征收土地预公告，并开展拟征收土地现状调查和社会稳定风险评估。

征收土地预公告应当包括征收范围、征收目的、开展土地现状调查的安排等内容。征收土地预公告应当采用有利于社会公众知晓的方式，在拟征收土地所在的乡（镇）和村、村民小组范围内发布，预公告时间不少于十个工作日。……

……

……社会稳定风险评估应当有被征地的农村集体经济组织及其成员、村民委员会和其他利害关系人参加，评估结果是申请征收土地的重要依据。

第二十七条　县级以上地方人民政府应当依据社会稳定风险评估结果，结合土地现状调查情况，组织自然资源、财政、农业农村、人力资源和社会保障等有关部门拟定征地补偿安置方案。

……

第二十八条　征地补偿安置方案拟定后，县级以上地方人民政府应当在拟征收土地所在的乡（镇）和村、村民小组范围内公告，公告时间不少于三十日。

……

多数被征地的农村集体经济组织成员认为拟定的征地

补偿安置方案不符合法律、法规规定的，县级以上地方人民政府应当组织听证。

第二十九条 县级以上地方人民政府根据法律、法规规定和听证会等情况确定征地补偿安置方案后，应当组织有关部门与拟征收土地的所有权人、使用权人签订征地补偿安置协议。征地补偿安置协议示范文本由省、自治区、直辖市人民政府制定。

对个别确实难以达成征地补偿安置协议的，县级以上地方人民政府应当在申请征收土地时如实说明。

4. 征收农村土地要遵循什么原则？

典型案例

光明镇青田村的村民张青山一直在乡镇开饭店，因饭菜实惠生意不错，这些年挣了不少钱，率先盖起了三层小洋楼。青田村紧邻光明市，受光明市发展影响，青田村的土地即将被征收。张青山担心征收后自己的居住条件会变差。其他村民中有认为自己土地被国家收走了，国家要补偿一大笔钱的；有一家三代在青田村务农，担忧土地被征收后家里的生活无法保障的；也有想要异地安置的；还有想要货币补偿在城里买房的。那么，农村土地征收需要遵循什么原则？

以案普法

近些年来，国家建设项目随处可见，为提升城乡生活水平，土地流转、征收征用农村土地成了常见的措施。《土地管理法》第48条规定了征收农村土地要遵守的基本原则：

（1）对被征地农民进行公平、合理的补偿。公平是指在对农民进行补偿时，要兼顾城乡发展差异，要结合农民实际生活情况，采用同样的补偿标准，不应差别对待。合理主要是指补偿方式、补偿标准、补偿内容要合理。

（2）保障被征地农民原有生活水平不降低、长远生计有保障。农民土地被征收意味着将失去赖以生存的基础，政府在制定补偿标准时，在考虑被征收土地原用途、产值、区位的情况下，还要结合当地经济发展情况、消费情况、农民收入情况进行综合考量，要充分保障被征地农民原有生活水平不降低、长远生计有保障。避免产生不必要的麻烦，确保征收工作稳定推进。

（3）征收农村村民住宅的应当按照先补偿后搬迁、居住条件有改善的原则，以此保障农民的居住权和财产权。

据此，青田村的村民完全不用担心征收后自己的权益保障问题。

法律依据

《中华人民共和国土地管理法》

第四十八条 征收土地应当给予公平、合理的补偿，保障被征地农民原有生活水平不降低、长远生计有保障。

征收土地应当依法及时足额支付土地补偿费、安置补助费以及农村村民住宅、其他地上附着物和青苗等的补偿费用，并安排被征地农民的社会保障费用。

征收农用地的土地补偿费、安置补助费标准由省、自治区、直辖市通过制定公布区片综合地价确定。制定区片综合地价应当综合考虑土地原用途、土地资源条件、土地产值、土地区位、土地供求关系、人口以及经济社会发展水平等因素，并至少每三年调整或者重新公布一次。

征收农用地以外的其他土地、地上附着物和青苗等的补偿标准，由省、自治区、直辖市制定。对其中的农村村民住宅，应当按照先补偿后搬迁、居住条件有改善的原则，尊重农村村民意愿，采取重新安排宅基地建房、提供安置房或者货币补偿等方式给予公平、合理的补偿，并对因征收造成的搬迁、临时安置等费用予以补偿，保障农村村民居住的权利和合法的住房财产权益。

县级以上地方人民政府应当将被征地农民纳入相应的养老等社会保障体系。被征地农民的社会保障费用主要用于符合条件的被征地农民的养老保险等社会保险缴费补贴。被征地农民社会保障费用的筹集、管理和使用办法，由省、自治区、直辖市制定。

5. 村民的土地和房屋被征收，可以获得哪些补偿？

典型案例

某乡镇青田村村民张山承包了村里的 10 亩地种植牛奶草莓，收入越来越多，日子越过越好。张山为改善居住条件，将宅基地上的老房屋翻建成三层小洋楼。后来，青田村里张贴了征收预公告，拟征收青田村村集体的土地与村民的房屋。公告一出，有人欢喜有人忧，欢喜的是可以通过拆迁改善现有的居住条件，忧的是担心征收不能全部补偿翻新房屋的损失。那么，村民土地和房屋被征收后，可以获得哪些补偿？

以案普法

房屋被征收会导致农村村民无房可住，土地（耕地、林地等）被征收会导致村民失去生活来源。

为保障村民的权益，《宪法》第 13 条第 3 款规定了征收应给予补偿的原则。《土地管理法》第 48 条对房屋征收补偿作了原则性规定：第一，先补偿后搬迁。村民拿到补偿后进行搬迁，可避免被迫陷入居无定所的境地，一定程度上可以解决征收的风险问题。第二，居住条件有改善。

要求各级政府进行房屋征收安置应当改善原有的居住条件。此外，还规定住宅征收需要尊重农村村民的意愿，采取重新安排宅基地建房、提供安置房或者货币补偿等方式给予公平、合理的补偿，并对因征收造成的搬迁、临时安置等费用予以补偿，保障农村村民居住的权利和合法的住房财产权益。同时明确要求征收农民的土地，应当支付土地补偿费、安置补助费以及农村村民住宅、其他地上附着物和青苗等的补偿费用，并安排被征地村民的社会保障费用。

《民法典》第 243 条第 2 款也规定征收集体所有的土地，应当足额支付土地补偿费、安置补助费、地上附着物和青苗补偿费等费用，安排被征地农民的社会保障费用。对于征地的补偿标准、补偿费用等，具体由实施单位根据当地情况依据征收前的准备工作制定补偿方案，确保绝大多数人能够顺利搬迁。

鉴于此，如果张山及青田村的其他村民所盖的房屋、承包的土地被征收，就有权按照上述规定获得相应的补偿，不用担心以后的生活问题。

法律依据

《中华人民共和国宪法》

第十三条 ……

国家为了公共利益的需要，可以依照法律规定对公民的私有财产实行征收或者征用并给予补偿。

《中华人民共和国民法典》

第二百四十三条　……

征收集体所有的土地，应当依法及时足额支付土地补偿费、安置补助费以及农村村民住宅、其他地上附着物和青苗等的补偿费用，并安排被征地农民的社会保障费用，保障被征地农民的生活，维护被征地农民的合法权益。

……

《中华人民共和国土地管理法》

第四十八条　……

征收农用地的土地补偿费、安置补助费标准由省、自治区、直辖市通过制定公布区片综合地价确定。制定区片综合地价应当综合考虑土地原用途、土地资源条件、土地产值、土地区位、土地供求关系、人口以及经济社会发展水平等因素，并至少每三年调整或者重新公布一次。

征收农用地以外的其他土地、地上附着物和青苗等的补偿标准，由省、自治区、直辖市制定。对其中的农村村民住宅，应当按照先补偿后搬迁、居住条件有改善的原则，尊重农村村民意愿，采取重新安排宅基地建房、提供安置房或者货币补偿等方式给予公平、合理的补偿，并对因征收造成的搬迁、临时安置等费用予以补偿，保障农村村民居住的权利和合法的住房财产权益。

县级以上地方人民政府应当将被征地农民纳入相应的养老等社会保障体系。被征地农民的社会保障费用主要用于符合条件的被征地农民的养老保险等社会保险缴费补贴。被征地农民社会保障费用的筹集、管理和使用办法，由省、自治区、直辖市制定。

6. 征收农村土地的补偿标准是如何确定的？

典型案例

青田村村民田二承包了村集体的10亩土地种植西瓜，近几年的收入不错。前几天，村里贴出征收公告。不久，土地征收部门来村里召开动员大会，动员村民们及时签订补偿安置协议。相关部门的工作人员来测量田二的房屋、土地等，并要求他提供相关权属证明等资料。田二想了解征收农村土地的补偿标准，以确保自己的房屋、土地等已经全部补偿到位。那么，征收农村土地的补偿标准是如何确定的呢？

以案普法

土地征收补偿能够在一定程度上改变当地的经济环境和改善村民的生活居住条件。土地征收补偿安置方案包括征收范围、土地现状、征收目的、补偿方式和标准、安置对象、安置方式、社会保障等内容。《土地管理法》第48条规定了具体的征收土地补偿标准。

（1）征收农用地的土地补偿费、安置补助费标准由省、自治区、直辖市通过制定公布区片综合地价确定。同时规定制定区片综合地价应当综合考虑土地原用途、土地资源条件、土地产值、土地区位、土地供求关系、人口以及经济社会发展水平等因素，并至少每 3 年调整或者重新公布一次。

（2）农用地以外的其他土地及地上附着物和青苗补偿费的补偿标准由省、自治区、直辖市制定。

（3）征收村民住宅的，采取重新安排宅基地建房、提供安置房或者货币补偿等方式给予公平、合理的补偿，并对因征收造成的搬迁、临时安置等费用予以补偿。各项费用的确定因地因时制宜。

（4）被征地农民社会保障费用的筹集、管理和使用办法，由省、自治区、直辖市制定。

田二可根据征收部门发布的土地征收公告以及征收补偿安置方案，依法依规地提出意见或者建议。

法律依据

《中华人民共和国土地管理法》

第四十八条 ……

征收农用地的土地补偿费、安置补助费标准由省、自治区、直辖市通过制定公布区片综合地价确定。制定区片综合地价应当综合考虑土地原用途、土地资源条件、土地产值、土地区位、土地供求关系、人口以及经济社会发展水平等因素，并至少每三年调整或者重新公布一次。

征收农用地以外的其他土地、地上附着物和青苗等的补偿标准，由省、自治区、直辖市制定。对其中的农村村民住宅，应当按照先补偿后搬迁、居住条件有改善的原则，尊重农村村民意愿，采取重新安排宅基地建房、提供安置房或者货币补偿等方式给予公平、合理的补偿，并对因征收造成的搬迁、临时安置等费用予以补偿，保障农村村民居住的权利和合法的住房财产权益。

县级以上地方人民政府应当将被征地农民纳入相应的养老等社会保障体系。被征地农民的社会保障费用主要用于符合条件的被征地农民的养老保险等社会保险缴费补贴。被征地农民社会保障费用的筹集、管理和使用办法，由省、自治区、直辖市制定。

7. 村民对被征收的土地补偿有异议，该怎么办？

典型案例

白云村的李长松承包了村集体的10亩耕地和鱼塘，收入越来越多，日子越来越好。后来，因当地发展需要，村里发布了征收公告及征收补偿安置方案。李长松看后，觉得安置方案对自己不公平，不能保障自己的权益。那么，李长松该如何维护自己的权益？

以案普法

征收补偿不仅关乎被征收人的合法权益，其中还涉及政府、集体、开发商等多方利益，征收补偿安置方案是多方权衡的结果。村民对土地补偿有异议可以采取下列救济途径：

（1）根据《土地管理法》第 47 条第 2 款的规定，可在征地补偿安置方案公告期内提出异议，该公告期依法不少于 30 日。在公告期内，李长松及其他被征收人均可以提出意见和建议。

（2）根据《土地管理法》第 47 条第 3 款的规定，可在听证期间提出异议。多数被征收人对征地补偿安置方案有异议，县级以上地方人民政府应召开听证会，并根据法律、法规、听证会的情况修改方案。李长松可依法参加听证会，在听证程序中充分表达自己的意愿。

（3）如果经公告期及听证会后征地补偿方案被确定，李长松仍不愿意签订补偿协议，不影响县级以上人民政府依法组织实施征收工作。此时，李长松可以依据《行政诉讼法》第 12 条第 1 款第 5 项的规定提起行政诉讼。

法律依据

《中华人民共和国土地管理法》

第四十七条　……

县级以上地方人民政府拟申请征收土地的，应当开展拟征收土地现状调查和社会稳定风险评估，并将征收范围、土地现状、征收目的、补偿标准、安置方式和社会保障等在拟征收土地所在的乡（镇）和村、村民小组范围内公告至少三十日，听取被征地的农村集体经济组织及其成员、村民委员会和其他利害关系人的意见。

多数被征地的农村集体经济组织成员认为征地补偿安置方案不符合法律、法规规定的，县级以上地方人民政府应当组织召开听证会，并根据法律、法规的规定和听证会情况修改方案。

……

《中华人民共和国行政诉讼法》

第十二条 人民法院受理公民、法人或者其他组织提起的下列诉讼：

……

（五）对征收、征用决定及其补偿决定不服的；

……

8. 侵占、挪用征地补偿费用会受到什么处罚？

典型案例

李彩霞大学毕业后参加公务员考试，录取后被派往博爱村担任社保员兼村会计。后来因国道改道，需修一条高速保通辅道并在路边建设 50 米长的防护林。经测定，该辅道及防护林要占用博爱村的60亩土地，该村因此获得了国家180万元的土地补偿款。补偿款到账后，李彩霞便协同博爱村的村干部将补偿款按照规定发给村民。村民李同对征地补偿款的发放与领取有异议，要求公开分发与领取征地补偿款的资料，以便村民查看是否有人侵占、挪用征地补偿费用。那么，如果侵占、挪用征地补偿费用会受到什么处罚？

以案普法

征收集体土地获得的土地补偿款依法属于村集体成员所有，应根据法律法规的规定制定分配方案，分配到个人。根据《土地管理法实施条例》第32条的规定，青苗补偿费和地上附着物补偿费直接归其所有权人所有。征地补偿安置费中的土地补偿费，通常是先发放给被征地集体经济组织，由村委会组织本集体经济组织成员召开村民大会统一制定分配方案。

根据《土地管理法》第49条的规定，博爱村应当将征收土地的补偿费用的收支状况向本集体经济组织的成员公开，接受监督。如果相关人员存在侵占、挪用征地补偿费用的情况，则依据《土地管理法》第80条以及《土地管理法实施条例》第64条、第66条的规定，将受到以下处罚：（1）责令改正，追回有关款项，限期退还违法所得；（2）对有关责任单位通报批评、给予警告；（3）对直接负责的主管人员和其他直接责任人员，依法给予处分；（4）赔偿损失；（5）构成犯罪的，依法追究刑事责任。

根据《刑法》第 382 条和第 384 条的规定，对于侵占、挪用征地补偿费的特殊主体，即国家工作人员，追究贪污罪和挪用公款罪的刑事责任。需要特别说明的是，村民委员会等基层自治组织人员侵占、挪用征地补偿费的同样适用贪污罪和挪用公款罪。

法律依据

《中华人民共和国土地管理法》

第四十九条 被征地的农村集体经济组织应当将征收土地的补偿费用的收支状况向本集体经济组织的成员公布，接受监督。

禁止侵占、挪用被征收土地单位的征地补偿费用和其他有关费用。

第八十条 侵占、挪用被征收土地单位的征地补偿费用和其他有关费用，构成犯罪的，依法追究刑事责任；尚不构成犯罪的，依法给予处分。

《中华人民共和国土地管理法实施条例》

第三十二条 省、自治区、直辖市应当制定公布区片综合地价，确定征收农用地的土地补偿费、安置补助费标准，并制定土地补偿费、安置补助费分配办法。

地上附着物和青苗等的补偿费用，归其所有权人所有。

社会保障费用主要用于符合条件的被征地农民的养老保险等社会保险缴费补贴，按照省、自治区、直辖市的规定单独列支。

申请征收土地的县级以上地方人民政府应当及时落实土地补偿费、安置补助费、农村村民住宅以及其他地上附着物和青苗等的补偿费用、社会保障费用等，并保证足额到位，专款专用。有关费用未足额到位的，不得批准征收土地。

第六十四条　贪污、侵占、挪用、私分、截留、拖欠征地补偿安置费用和其他有关费用的，责令改正，追回有关款项，限期退还违法所得，对有关责任单位通报批评、给予警告；造成损失的，依法承担赔偿责任；对直接负责的主管人员和其他直接责任人员，依法给予处分。

第六十六条　违反本条例规定，构成犯罪的，依法追究刑事责任。

《中华人民共和国刑法》

第三百八十二条　国家工作人员利用职务上的便利，侵吞、窃取、骗取或者以其他手段非法占有公共财物的，是贪污罪。

受国家机关、国有公司、企业、事业单位、人民团体委托管理、经营国有财产的人员，利用职务上的便利，侵吞、窃取、骗取或者以其他手段非法占有国有财物的，以贪污论。

与前两款所列人员勾结，伙同贪污的，以共犯论处。

第三百八十四条 国家工作人员利用职务上的便利，挪用公款归个人使用，进行非法活动的，或者挪用公款数额较大、进行营利活动的，或者挪用公款数额较大、超过三个月未还的，是挪用公款罪，处五年以下有期徒刑或者拘役；情节严重的，处五年以上有期徒刑。挪用公款数额巨大不退还的，处十年以上有期徒刑或者无期徒刑。

挪用用于救灾、抢险、防汛、优抚、扶贫、移民、救济款物归个人使用的，从重处罚。

图书在版编目（CIP）数据

法律明白人农村土地实用问答：以案普法版/贾楠，高杰著．—北京：中国法制出版社，2023.4
ISBN 978-7-5216-3308-5

Ⅰ.①法… Ⅱ.①贾…②高… Ⅲ.①农村土地承包法-中国-问题解答 Ⅳ.①D922.325

中国国家版本馆 CIP 数据核字（2023）第 032511 号

责任编辑：王佩琳　　　　封面设计：周黎明

法律明白人农村土地实用问答（以案普法版）

FALÜ MINGBAIREN NONGCUN TUDI SHIYONG WENDA（YI'AN PUFABAN）

著者/贾楠，高杰
经销/新华书店
印刷/三河市紫恒印装有限公司
开本/880 毫米×1230 毫米　32 开　　　　印张/ 5　字数/ 68 千
版次/2023 年 4 月第 1 版　　　　2023 年 4 月第 1 次印刷

中国法制出版社出版
书号 ISBN 978-7-5216-3308-5　　　　定价：20.00 元

北京市西城区西便门西里甲 16 号西便门办公区
邮政编码：100053　　　　传真：010-63141600
网址：http：//www.zgfzs.com　　　　**编辑部电话：010-63141801**
市场营销部电话：010-63141612　　　　**印务部电话：010-63141606**

（如有印装质量问题，请与本社印务部联系。）